STUDY OF MASS
ENTERTAINMENT CLUBS
IN SHANGHAI URBAN
COMMUNITIES

上海城市社区
群众文娱社团
研究

邹昊平 / 著

上海人民出版社

目　录

第一部分

一个人类表演学的分析框架

第一章

绪　论

　　开宗明义，本书的研究对象是上海的城市社区群众文娱社团。群众文娱活动指的是非专业文体工作者在业余时间出于自身的兴趣爱好，为达到诸如健身、娱乐、社交等目的而开展的各种文艺、体育、娱乐性活动。社团即社会团体。根据《社会团体登记管理条例》，社会团体是指中国公民自愿组成，为实现会员共同意愿，按照其章程开展活动的非营利性社会组织。因此，城市社区群众文娱社团就是指城市社区范围内的个体或组织为了开展文娱活动而自愿组成的非营利性社团。这里的社区是指行政区划意义上的社区。

一、引子：从代表社区的"大家唱"活动到需要"考级"的群文团队

　　从中山公园的 1 号门进去，在大草坪的旁边有一棵百年大香樟树。就在这棵树下，每天有一群老年朋友聚在一起唱歌。他们用支架挂起大歌谱，由领唱员指挥着大家一首接一首地唱，一边还有手风琴伴奏。每天的活动大约持续一个半小时，参与的人数最多可达一百多人。从 2005 年 6 月至今，这个"大家唱"活动已经走过了近二十年的时光。其实公园里的"大家唱"活动并不少见。如今，上海各大公园、绿地几乎都有一个，甚至几个"大家唱"活动，人

数从十几个到五六十个不等。乍看之下中山公园大香樟树下的"大家唱"和其他地方的"大家唱"活动没什么差别。不过如果你仔细看，就会发现它的独特之处——在"大家唱"活动旁边竖着一块牌子，上面写着"华阳社区中山公园大家唱"，而且活动的组织者每个人都挂着"华阳社区大家唱志愿者"的牌子，还有扩音器和麦克风等设备。原来这个大家唱并不是这些唱歌的老百姓们自己发起的，而是华阳路街道出面组织的。由华阳路街道合唱队每天派出 3 位成员到公园组织活动，街道还出钱购置了手风琴，印制了大歌谱和发给歌友的小歌本。中山公园"大家唱"团队除了每天在公园的活动，还参加志愿者团队文艺汇演，并经常前往养老院表演。

原来，活跃在上海基层社区的群众文娱活动和各种群众文娱社团并不全是自发成立、自我运行的，还有不少与社区管理部门有着千丝万缕的关系。这种关系并不局限于挂个牌子、资助点经费。比如，浦东新区从 2021 年起对区内 6 000 多个群文社团进行了星级评定工作，经层层选拔、专家评审，综合评选出了一星团队 1 019 支、二星团队 710 支、三星团队 834 支、四星团队 58 支、五星团队 55 支和示范级团队 17 支。2021 年 11 月 23 日下午，首批 17 支示范级群众文化团队中的 7 支代表团队走进浦东群艺馆新馆实验剧场，参加"大地繁花——浦东新区首批示范级群众文化团队创建工作分享会直播间"活动，分享各自的经验。这是浦东新区为了打造具有引领示范作用的群文团队建设体系，培养凝聚力量的"领头羊"推出的举措。根据《浦东新区文化团队建设实施方案》以及《浦东新区星级文化团队建设标准》，浦东新区群文团队将陆续参评，争取一星、二星、三星、四星、五星，乃至最高的示范级，星级越高能获得越高程度的扶持倾斜。①

---

① 资料来源：浦东新区 17 支示范级群文团队首次集中亮相，一起来看 TA 们的风采，https://baijiahao.baidu.com/s?id=1750760275280637530&wfr=spider&for=pc。

同样的，虹口区也在 2024 年完成了特色群众文艺团队第一批评选，共选出 10 支团队，团队类型覆盖戏曲、舞蹈、音乐、书画、摄影等。虹口区将持续举办各种主题活动，集结区域内优秀群众文艺团队，让群众合唱、器乐合奏、太极武术、群众歌舞、原创曲艺等常年活跃的群众文艺团队集中走上舞台。①

二、提出问题

大部分的社区群众文娱活动和由此组织起来的群众文娱社团都是老百姓自发形成的，而且纯粹为了娱乐的目的，但是上面的这几个例子中，我们看到政府部门积极介入这些基层社区的群众文娱活动，这些活动及社团有着超越娱乐的目的。通过这几个例子，引发了一些问题：

第一，在中国城市社区中的群众文娱社团，有多少是完全自发的，又有多少是有政府介入或者和政府有着比较密切关系的？有多少社团是纯粹自娱自乐的，又有多少社团除了娱乐外还有其他的目标？这两个因素是否能成为划分社区群众文娱社团的一种标准？

第二，假如可以根据上述标准把社区群众文娱社团划分成不同的类型，那么不同类型的社团在活动内容、形式、组织结构等方面有何异同？造成差异的原因是什么？

第三，政府为什么要介入社区群众文娱活动？政府采取了哪些手段、措施？

第四，未来中国城市群众文娱社团和政府关系的发展趋势如何？

---

① 资料来源：虹口市民文化节开幕，多类特色文化团队现场招募成员，https://export.shobserver.com/baijiahao/html/732568.html。

上面这些问题就是本书要探讨的主要内容。其实有关民间社团的研究是比较多的，主要集中在社会学领域，而本书将尝试从人类表演学的视角来分析城市社区群众文娱社团。

三、理论框架

（一）什么是人类表演学的视角

本书是从人类表演学的视角分析社区群众文娱社团。那么，什么是人类表演学的视角？

1. 人类表演学

从广义上讲，所有的社会科学都是对人类及其社会的研究，但是每个学科都有自己特定的研究视角和方法论。人类表演学是一门把表演研究和社会学、人类学等学科结合起来的新兴的交叉学科。那么什么是人类表演学这门学科独特的研究视角和方法论？显然，人类表演学和其他社会科学，诸如社会学、人类学、心理学的不同之处在于，它以戏剧表演的研究方法和理论原则来研究人类的社会行为。社会学家欧文·戈夫曼（Erving Goffman）在其著作《日常生活中的自我表现》中就直接表明，他的这个报告"所采用的研究方法是戏剧表演，由此推衍出来的理论原则是舞台表演原则"。[1]戈夫曼的著作是运用戏剧表演理论分析人类日常社会行为最为成功的范例之一，也是人类表演学主要的理论来源之一。

2. 戏剧表演的研究方法和理论原则

那么戏剧表演的研究方法和理论原则又是什么呢？这就关系

---

[1] 〔美〕欧文·戈夫曼：《日常生活中的自我表现》，北京大学出版社 2008 年版，第 1 页。

到什么是表演、什么样的人类行为可以被看作是表演。美国戏剧家兼人类表演学创始人理查德·谢克纳（Richard Schechner）指出，表演可以从四个关系来考察：存在（being），行动（doing），展示行动（showing doing），对展示行动的解释（explaining showing doing）。存在就是客观存在，客观存在不断变化就是行动，展示行动就是表演，对展示行动的解释就是人类表演学。[①] 从中我们可以推论出表演的本质包括三点：

（1）表演必须是行动。写在纸上的是剧本不是表演，所有的表演都是在行动中展开，在行动中完成。

（2）行动必须是"展示"的行动。其中有两个要素，一个是展示行动的主体，在传统的戏剧舞台上，他们被称为"演员"；另一个是展示行动的对象，通常被称为"观众"。在剧场里，演员向观众展示的行动就是表演，而在社会生活中，主体向某个对象展示行动也可以视为表演，当然这个对象可以是具体的、在场的，也可以是抽象的、不在场的。因为人从一出生起就受到文化的塑造和浸润，人的行为一般都要遵循某种社会习俗和规范，时时都能意识这个无形的观众的审视和评判。所以正如谢克纳所说的，从某种意义上，"一切人类的行为都可以框架为表演"。[②]

（3）既然是展示行动，那么就一定有某种意义。斯坦尼斯拉夫斯基说过，在舞台上没有没来由的动作。[③] 个体向某个观众所展示的行动必然有其意义，这意义包括行动的主

---

① 〔美〕Richard Schechner：*Performance Studies (2nd Edition)*, Routledge, New York，2006年版，第 28 页。

② Richard Schechner: *Performance Studies (2nd Edition)*, Routledge, New York，2006 年版，第 28 页。

③ 〔苏〕斯坦尼斯拉夫斯基：《演员的自我修养（第一部）》，中国电影出版社 1986年版，第 406 页。

体所希望传达或表白的意义，也包括展示的对象所接收
和理解的意义。意义的传达和接收受到表演框架的影响。
表演框架涉及三大基本关系："自我与角色的关系；前台
与后台的关系，脚本和即兴的关系。"① 这三大关系归根到
底是作为个体的人与他所身处的社会之间的关系。

由此可见，只要是向他人展示的具有某种意义的人类行为，都
可以被视为表演，也因此都可以当作人类表演学的研究对象。21
世纪是信息时代，也是泛表演化的时代。具体表现在：人类的一切
社会行为都是表演（is performance）；人类的一切社会行为都可以
当作表演（as performance）。② "某某是表演"和"某某作为表演"
的区别在于，前者是由其所在社会的传统、习俗和规范决定的，它
的界限还是相对明确固定的；但是任何人类行动，即便是走路、吃
饭等都可以被"框架"为表演。简而言之，一切行动都具有表演
性（performative）。那么把一切都当作表演的意义何在？因为"意
义"也好，"本质"也好，"身份"也好，正是在表演的过程中建
构起来的。人们曾经认为"表演"是对客观世界的再现，可是谢克
纳的"再现的行为"③ 的概念阐明了，一切人类的行为都是再现的、
第二次的。如果把人类行动细分到足够小的单位，就会发现这些行
动都是过去行动片段的重组、重构。就像电影导演对待电影胶片片
段那样，这些行动片段从最早引发它们的因果背景中脱离出来获得
自身的独立性，它们的源头、起源或不得而知，或已经遗忘，或是
完全对立，但这无关紧要。它们重新组合于一个新的情境，建构一

---

① 孙惠柱：《规范 VS 自由——社会表演学的哲学探讨》，《人类表演学系列之平行
　式发展》，文化艺术出版社 2007 年版，第 166 页。

② Richard Schechner: *Performance Studies (Second Edition)*, Routledge, New York, 2006 年
　版，第 38 页。

③ 同上书，第 34 页。

个新的现实，阐发一种新的意义。现实在自我展开、自我运动、自我发展中言说自己，实现自己。现实不在表演之外，现实就在表演之中。

（二）人类表演学的基本分析框架和重要概念

在人类表演学中有一个重要的领域就是社会表演学。社会表演的概念来源于艺术表演，是艺术表演的概念在社会生活中的扩展和运用。其实，把表演的概念运用于社会生活并不是什么新鲜的想法。莎士比亚就曾经在《皆大欢喜》中说过："世界是一个舞台，所有的男男女女不过是一些演员，他们都有下场的时候，也都有上场的时候。一个人的一生中扮演着好几个角色。"而戈夫曼则更是把戏剧表演的概念和原则直接用于分析个人在日常生活的互动行为，堪称社会表演的经典分析。那么怎样把艺术表演的概念用于分析社区群众文娱社团？

在剧场中演员在规定情境中为了实现最高任务而采取的行动就是艺术表演。

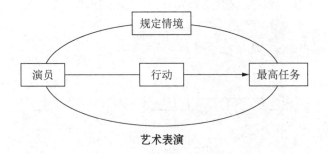

艺术表演

- 最高任务。最高任务是戏剧表演大师斯坦尼斯拉夫斯基提出的几个非常重要的戏剧表演概念之一。最高任务即剧本所要达到的主要目标，"凡是剧本中发生的一切事情，剧本的一切大小任务，演员的一切符合于角色的创作意图和动作，都是为了要完成剧本的最高任务。"①

● 规定情境。规定情境就是"剧本的事实、事件、时代，剧情发生的时间和地点，生活环境，演员和导演对剧本的理解，对它所作的补充，动作设计，演出，美术设计的布景和服装，道具，照明，音响及其他在创作时演员要注意到的一切。"② 简而言之，规定情境就是戏剧中内外环境和关系的总和。

那么，将这个艺术表演的定义推广到社会生活中，主体在规定情境中为了达到某个目标而采取的行动就是社会表演。在这里，行动的主体可以是个人也可以是群体、社团。在社会表演中，主体行动的最高任务就是其行动要达到的目标。而规定情境就是在某个时空点上各种外部和内部因素，即主体各种内在要素及其所处的社会环境诸因素和关系的总和。在戏剧中，演员所有的行动都是具体的行动，都发生在规定情境之中，受到规定情境的影响和制约。同理，在社会生活中，主体（个人或者社团、组织等）的行动都发生在某个具体的社会情境中，受到内部（情感、性格、认知等）因素和外部政治、经济、文化等各种社会因素的影响。

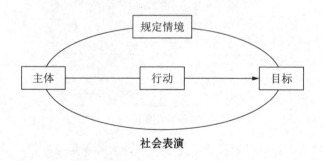

社会表演

---

① 〔苏〕斯坦尼斯拉夫斯基：《演员的自我修养（第一部）》，中国电影出版社1986年版，第406页。
② 同上书，第73页。

　　因此，根据上述人类表演学视角和基本理论框架，我研究城市社区群众文娱社团的基本前提是：社区群众文娱社团在具体社会情境中为了达到一定的目标而采取的行动可以被视为社会表演。我的研究重点将放在考察社团的行动上，行动也是人类表演学中最重要的概念之一，我要研究的并不是某一个具体的、单独的行动，而是社团作为整体采取的行动。研究社团行动的目的在于理解行动的意义，并揭示社团行动的目标，以及社团与具体社会情境中诸要素的相互关系。

（三）具体分析的切入点：纯粹娱己的社团和表现性娱己的社团

　　在确定了本书的基本理论框架后，下一步是确定具体的研究切入点。由于社区群众文娱社团数量庞大，种类繁多，具体活动之琐碎恐怕一整本书也记录不完。为了化繁为简，我要从一个切入点开始进行剖析以便能够对群众文娱社团有一个比较深入又比较简单明了的认识。我所确定的切入点是社团的行动目标——纯粹娱己还是表现性娱己。从本书开头引用的中山公园"大家唱"活动的例子中，我们可以发现，它和其他"大家唱"活动最大的区别在于，别的"大家唱"活动都是成员为了满足自己的需要而开展的，也就是纯粹娱己的，但是中山公园"大家唱"活动却是政府组织他们"做"给中山公园其他游客"看"的。比如，"华阳社区中山公园大家唱"的牌子和每个组织者佩戴的"华阳社区大家唱志愿者"的牌子，这些表明身份的细节明白无误地向外传递了这样的信息："我们代表的是政府。"所以，如果一般的"大家唱"活动是单纯的行动，那么中山公园"大家唱"就是展示行动，即把唱歌这个行动展示给观众看，从而向这些观众传达特定的信息，实现特定的行动目标。从行动到展示行动一个最大的差别是，前者的意义在于行动本身，而后者的意义则超越行动本身。比如，吃饭的目的和意义就是果腹,是维系人类生命的必要手段。因此,通常情况下吃饭这个行动只是一般的人类行动。但假如是吃喜酒就不仅仅是为了填饱肚子,而是一种仪式,其意义在于男女双方的结合被社会认可,是双方各自社会关系的重新整合,也是参加婚宴的人和主人之间的关系被再次认同和强化,等等,因此吃喜酒这个行动已经超越了吃饭为了果腹的基本意义。同理,普通的大家唱"唱歌"的目的和意义在于唱歌本身,而中山公园大家唱"唱歌"的目的和意义是在于展示基层群众的风貌,消除某些公共安全隐患,这已经超越在一般社会文化框架中人们对于唱歌这个行动的基本意义——不管是审美、娱乐还是健身的普遍认同。所以,这种在具体社会情境中通过展示行动来达到一定的目的或传达一定的意义,并且这种目的和意义超越了该行动本身原有的基本目的和意义,从人类表演学的视角看这种展示的行动就是社会表演。

当然由于中山公园大家唱的例子非常特别,不能完全代表目前城市社区群众文娱活动和文娱社团的一般状况。因此我举另外一个例子来说明在社区群众文娱社团中纯粹娱己和表现性娱己的区别。这个例子来自我 2009 年在浦东塘桥社区调研时接触到的两个社团,这两个社团原本是由一个社团分裂而来的,它们非常典型地代表了目前我国社区里两种不同形态的群众文娱社团——纯粹娱己性社团和表现性娱己社团的主要特点。

1. 塘桥街道夕阳红老年时装队

塘桥街道的老年时装队建立于 1994 年。发起人是一位叫大刘的女同志。当时的塘桥街道和上海其他街道一样,有一些诸如合唱队、舞蹈队之类的群众文娱社团,参加者以住在附近的离退休老人为主,大多是女性。这些老人主要目的是聚在一起活动,打发闲暇时光,当然也有一些成员对业余时装表演十分热爱,自己出钱到外面参加各种培训班,而这几位积极分子就是时装队的老师,把外面学来的教给其他成员。由于 20 世纪 90 年代群众文娱社团中时装队还是比较新鲜的事物，因此塘桥街道的时装队与附近其他街道稍后成立的时装队相比水平高一点，也经常代表街道参加演出。就这样，时装队走过了十年的时光，并且在 2004 年参加浦东新区比赛获得了二等奖。

可就在同一年，时装队内部发生矛盾冲突，最终导致社团的分裂。表面上看，矛盾源于队员对队长大刘管理方式的不满，"（大刘）说话声音很大，采取家长式的作风"。[①] 不过实际情况却复杂得多。根据老社员的描述，当时时装队的活动"不够正规化，纪律涣散，无计划性、无创意性"，比如活动时很多社员迟到或者缺席，活动过程中也是嘻嘻哈哈，东家长西家短地聊天，每次活动根本学不到多少东西。由于当时加入时装队无需任何门槛，所以社团成员的水平和素质也是参差不齐。由于塘桥街道时装队成立得比较早，又有几位热爱服饰表演的社员不断地在外面进修并义务教给其他社员，因此在时装队成立后的几年中其水平较之其他街道的时装队还是要高一点，塘桥街道及邻近街道有什么活动也经常会请时装队去表演，在相当长的时间里，大家对这样的状态也是比较满意的。不过随着时间的推移，情况发生了很大的变化。各个街道对群众文娱活动和文娱社团越来越重视，几乎每个街道都成立了时装队，而且有些街道下了不少功夫提高时装队的水平（比如请老师、做服装等），因此塘桥街道时装队原本领先的优势就渐渐不那么明显了，2004 年他们得了浦东新区的二等奖，有部分队员认为虽然得了奖，但是管理上还应该提高。因为这些队员认识到不进则退，时装队的领先优势正在逐渐丧失，甚至有被赶超的可能，从当时的情况看，塘桥街道时装队已经越来越难获得演出机会了，因此她们希望能够出钱请老师来上课，这样可以更快更多地提高社团表演的水平，但是要请老师自然就牵涉到费用，虽然金额并不是很大，但还是引发

① 潘伟杰等：《文化的力量》，上海人民出版社 2008 年版，第 182 页。

了不同意见。2005 年春节，队里的骨干瞒着队长大刘开会，并做好了所有人的思想工作，通过无记名投票，推选了一位姓吴的队员为队长。因为这个时装队是大刘一手组建起来的，大刘认为时装队得了荣誉就把她甩了，心理上无法接受，所以每次时装队一排练，大刘就去闹事，双方吵得不可开交，还闹到了街道。街道不得不充当和事佬调解双方的矛盾。据街道有关人员的回忆，当时双方闹得好凶，吵得天翻地覆。最终在街道文化站的协调劝说下，吴队长带领的社团成为夕阳红服饰 A 队，每周一下午安排在街道文化活动中心的多功能厅活动，而大刘又重新招人组建了一支队伍——夕阳红服饰 B 队，每周三下午安排在街道另一个场地蓝村活动室活动。

在分裂后的相当长一段时间里，两个社团之间的矛盾并没有停息，原因也很简单：为了生存下去，双方都极力争取街道办事处及文化活动中心的认可和支持。原先时装队的活动场地就是街道文化活动中心提供的，而且时装队的绝大多数演出机会都是街道提供的，同时，得到代表政府的街道办事处和文化活动中心的认可和支持意味着获得某种合法性。虽然街道希望对这两支社团保持中立，为双方都提供了活动场地，"在有演出机会时，也都给她们两支队伍创造演出机会，让她们都展示一下，获得大家的认可"。① 但是街道的资源毕竟是有限的，演出的机会更是少，因此为了生存和发展，服饰 A 队采取了一系列的措施：

由队长和队委会起草《队员公约》，并由全体社员表决通过。《队员公约》包括四大部分：第一部分是队长和队委会的条件、产生和分工职责；第二部分是经费来源和使用，规定 200 元以下开支须经队委会同意，而 200 元以上须开队委会讨论决定，设立单独账目并且钱、账分管。第三部分是团队纪律，规定社员参加活动必须遵守的行为规范，并且特别强调队员之间要"团结友爱，遇事不计

---

① 潘伟杰等:《文化的力量》,上海人民出版社 2008 年版,第 182 页。

较，个人要服从集体，少数服从多数"。第四部分是队员的流动，规定了吸收新社员的条件和程序，以及离队的相关规定。

除了《队员公约》，A队每周召开一次队委会会议，每月召开核心会议，每年年初制定年度活动计划，到年终进行总结，且每次会议与活动都作书面记录。由于加强了管理，每周的活动也变得有规律有计划，内容充实。同时，社团专门花钱请老师来教形体和基本功，为社团排练新节目。

除了社团内部的整顿规范之外，A队面临的一个重要问题就是寻找演出机会。原来的社团在分裂之前已经演出不多了，现在要如何去争取演出的机会呢？首先并且最主要的是从街道争取资源。除了和街道有关负责人私人之间的沟通之外，A队竭力向街道"推销"自己，比如每年A队都要组织展示会，汇报演出时装队的新旧作品。这个展示会的一个重要目的是向应邀前来观看的街道相关负责人及各个居委会的相关负责人展示时装队的实力，从而争取在街道组织承办的各种活动及居委会的纳凉晚会上获得演出机会，而能够为街道演出就可以得到街道实质性的支持。A队每年还和附近几个街道的时装队一起交流活动，除了相互学习切磋之外，也为了有机会到其他街道演出。同时还动员队员通过个人关系联系各种外出演出的机会，比如吴队长的爱人在一家较大的企业担任领导工作，因此通过这层关系该企业每年都请A队去参加企业的联欢活动，并且还支付一定的费用。A队的队委还主动通过电话或者上门拜访的方式联系老年福利院、消防部队等部门义务演出。总之，A队通过一切途径、抓住一切机会争取演出的机会，2005年参加演出约10场，到2006年一下子增加到24场，其中大半的演出是参加街道的"欢乐在今天"百场广场文化巡演；同时，2007年，A队在上海市老年人体育协会举办的"07与奥运同行——上海市中老年舞蹈服饰大赛"中获得服饰类金奖。两年多的积极表现、不断提升的水平，以及这份荣誉终于使A队确立了地位，因此，2008

年，街道提前和 A 队约定在当年的"欢乐在今天"百场广场文化巡演中出一个约 10 分钟的节目，并且为每次演出支付几百元的费用。① 由于在陆家嘴功能区的 5 个街道每年一起组织的百场文艺巡演中，每个街道都要演出 20 场，因此对于 A 队而言，一下子获得了足够多且稳定的表演机会，同时，由于代表街道演出，也获得一定的经费。反观原队长大刘带领的 B 队，还是按照原先的方式活动，没有什么表现，用街道工作人员的话讲，就是"和一般的民间团队没什么两样"，因此自然被完全比了下去。可以说，A 队凭着积极的行动及抢眼的表现终于让街道倒向了自己，而 B 队虽然仍然存在着、活动着，可是她们无法获得更多的资源，也没有办法获得进一步的发展。

2. 两个社团的差别及其原因

夕阳红服饰表演队的分裂导致塘桥街道同时有两个时装队，这两个社团不仅活动内容相同，成员的基本构成也相似（都是社区里退休的中老年妇女），而且外部条件也差不多。街道对它们抱着中立的态度，为双方都提供了活动的场地，也尽力给两个社团都创造演出的机会。然而两个社团却各自沿着不同的道路发展，呈现出两种完全不同的状态和活动模式。

第一，A 队的组织化程度非常高。组织化表现在它有着成文的规章制度《队员公约》，有着队长和队委会，并且队委会成员各自有着明确的分工：队长总负责；一名政治思想指导分管团队思想工作及组织纪律；三名队委委员，分别负责艺术、财务与事务，以及对外联络（2007 年）。社团的各种活动按照程序展开，比如对于队员的加入和离开等都有明确的规定，不以队长或队委委员的个人好恶和私人关系为准绳。假如有人要加入时装队，她需要经过一段试用期，试用期结束后由队委会成员一起开会对她各方面的表现打

---

① 后来由于汶川地震，文化巡演活动的场次作了较大的压缩。

分，再讨论决定去留。再比如，社团每年的活动一般都事先有计划，每年年终，吴队长都要写几千字的总结，队委会每周固定开会，并且每次会议都有非常详尽的书面记录，等等。这一切都已经呈现出制度化的趋势。

第二，社团的纪律性很强。绝大多数的社区群众文娱社团的结构是松散的，活动也是很随意的，表现在成员可以随意地迟到、早退或缺席，活动过程中队员的社交性活动（比如聊天）占据了相当大的比例。而夕阳红A队的纪律性表现在对社员出席社团活动有比较严格的要求，迟到、早退或者缺席都需要请假说明缘由，而无故且经常性的迟到、早退、缺席会有相应的惩罚（比如劝退）。在活动过程中，除了在中间休息的时间外，不允许有与活动无关的聊天，社长等负责人发现时会及时地制止这种行为，即便在中间休息时也不鼓励随意评论他人。社团的纪律性提高了行动的效率，无论是参加演出的数量，还是质量（得奖），都证实了这一点。

造成A队和B队这种差别的原因是什么呢？显然这和社团本身的取向，即行动目标有关。B队，和大多数人印象中的社区群众文娱社团一样，是一个松散的组织，因成员的性格、兴趣、爱好、交往等原因而成立，社团作为一个整体并没有一个为所有成员认可的、超越个人心理需要的共同目标。由于没有共同的目标，所以社团不需要很强的行动力去"做些什么"，因此也不需要高度组织化的结构提高行动力，反过来也导致它们的行动力始终处于较低的水平。由于没有共同的目标，成员的相处和互动以"合则聚，不合则散"为原则，这是非常感性、主观的，所以社团对于成员的行为和各方面素养没有什么要求或客观的标准，因此这样的社团其成员年龄、背景、能力素养的跨度往往很大，同时社团也没有什么活动规划，活动的形式也是简单而随意的。

相对地，夕阳红A队虽然也兼顾了社交、娱乐、健身的目的，但是其首要和主要的目的是"求艺"，也就是某种程度上的专业化，为此社团必须提高活动的效率，不能让活动的时间浪费在无谓的家长里短上，也不能让社团因为社员的拉帮结派而分裂，同时强烈地需要并且愿意在师资、服装等方面投入金钱。夕阳红 A 队正是通过组织化进行分工，使社团事务更合理有效地开展，同时通过强调纪律性来压制社员与活动无关的其他需求，以之为代价使社团更有行动力、更有效率。

总之，夕阳红服饰 A 队和 B 队的区别和社团的取向是紧密相关的。可以说，导致原社团分裂的表面原因似乎是队长的个人管理方式和作风，但实质却是时装队内部就社团的行动目标出现了两种完全不同的取向。在不同行动目标的引导下，两个社团的组织结构和活动模式，甚至成员之间的相互关系变得越来越不同。

3. 社团的两种行动目标

从中山公园大家唱和塘桥街道时装队的例子，我们可以看到两种不同类型的社区群众文娱社团。

第一种社团的行动目标只是满足成员自娱自乐的需求。这种取向我称为"纯粹娱己"。

第二种社团除了娱己之外还有一个共同目标，这个目标是要完成某个任务或达成某种状态。由于本研究的对象是社区群众文娱社团，它们的共同目标往往和表演相关，所以这种取向我称为"表现性娱己"。也就是说，社团除了娱己还要表现，或者说通过表现来娱己。

"纯粹娱己"和"表现性娱己"的主要区别在于：在纯粹的娱己活动中，行动主体同时也是行动的对象，所以是向自我展示的行动；而在表现性娱己活动中，行动主体的行动则指向某个他者，所以是向他人展示的行动。正是因为行动目标不同，导致了社团的整个行动方式都随之不同。纯粹娱己的社团，行动只要满足成员自身的需要就可以了，而表现性娱己的社团却在娱己的同时还需要满足他人的需求，而且在当众表现的过程中得到更高层次的娱己效用，因此相比第一种社团，后者会产生一系列认知和行动的变化：

首先，产生对"行动对象（他人）的期望"的认知，这是对社团"角色"的认知。

其次，社团的边界会清晰起来。因为表现性的行动意味着行动主体和对象的分离，所以社团的"自我"会变得明确起来。

最后，在对"自我"和"角色"认知的基础上，表现性娱己的社团展现出一套和纯粹娱己的社团不同的组织模式和行动模式。

因此，我对城市社区群众文娱社团的具体分析将首先以社团的行动目标为核心，分析其行动目标是纯粹娱己还是表现性娱己，如果是后者，那么社团行动的表现性程度是高还是低呢？

其次，我将从以下几个方面探讨影响社团行动目标的因素，以及社团行动目标对其行动模式的影响：

- 社团为什么成立？
- 谁发起并成立了社团？
- 社团的组织结构如何？
- 社团的经费情况及来源如何？
- 社团活动的形式有哪些？
- 社团是如何开展这些活动的？

最后，我将在社会整体和历史发展的脉络中探讨目前社区群众文娱社团形成发展的深层原因，并展望未来的发展趋势。

四、研究方法

对中国的城市社区群众文娱社团进行研究，需要进行比较全面的调查。但是在城市里有着为数众多的民间社团，仅以上海市长宁区为例：2008 年长宁区文化局对区内 10 个街道（镇）及 176 个居委会进行的调查显示，有140个街道（镇）文娱社团、1 170个居委会社团。这些社团中的人数最少的只有3人，最多的竟有280人；成立时间最短的一年不到，最长的有二十几年；参加者有青少年，也有八十高龄的老人；而社团的活动内容包括合唱、舞蹈、戏曲、乐队、时装表演、书画、摄影、手工制作、健身、锣鼓腰鼓、舞龙舞狮、读书；等等。必须指出，长宁区文化局统计的都是在街道或居委会登记备案的社团，而那些在公园、绿地自发形成、自我活动的社团还没有在这个范围之内，由此可见社区里民间社团的种类和形态之丰富，因此要对这些民间社团进行概括、分类，不是一件容易的事。

社会学对于大范围、大规模的对象有两种研究方法，第一种是抽样调查，第二种是典型研究。假如采用抽样调查的方法，由于这些社团数量巨大，种类繁多，具有极大的差异性，因此很难科学地抽样，而且用问卷调查之类的定量研究很难进入深入的分析，很难反映出基层群众文娱社团的复杂性和多样性。仅仅归纳出一些表面的数据，比如人数、性别比、活动的内容、形式等，并没有多大的学术价值。因此，我将采取第二种方法，即对典型案例以实地调查、深入访谈等方法进行研究。

那么如何选择典型案例？由于社区群众文娱社团的多样性，选择的标准是什么？我是这样选择的：

首先，我在对社区群众文娱社团的初步实地调研中发现，参与社区群众文娱活动的民众还是以中老年人为主，不过近年来出现了越来越多的年轻人的社团，因此年龄是一个标准——即以中老年人为主体的社团，和以年轻人为主体的社团两大类。其次，我发现，不管社团的人数多少，年龄结构、活动内容如何不同，城市社区的群众文娱社团都可以分成两大类：一种是完全自发的、自我运行的、与政府部门基本没有什么直接关系的社团；另外一种是和政府部门有着直接关系的社团，或是由政府部门组建、扶持的，或是在政府有关部门登记备案接受政府管理的社团。所以最终我根据社团成员的年龄层次和社团是否与政府部门有关系这两个标准，选择了四个群众文娱社团为深入调查分析的对象。这四个社团分别是上海市长宁区华阳路街道合唱队、上海市黄浦区南京东路街道都市原点话剧社、百草堂话剧社及龙华歌友会。我在众多的群众文娱社团中选择这四个社团作为典型案例的原因是：

第一，这四个社团符合我的分类标准且具有代表性。上海长宁区的社区文化建设是比较突出的，2005 年曾获得中国文化部"全国文化先进区"的荣誉，这是上海最早获得此荣誉的区。而华阳路街道一直被作为长宁区开展社区文化和群众文化活动的一个典型。2000 年，华阳路街道成立了华阳群众团队指导站，对社区里的群众团队和群众文化活动进行管理和指导，并于 2002 年 4 月在民政局注册登记为民办非企业性质的华阳路街道群众团队活动指导站，这在当时的上海也是数一数二的。南京东路街道的都市原点话剧社是上海最早由街道有关部门推动成立的以年轻白领为主体的业余话剧社团。这两个社团可以说是政府扶持、比较成功、具有相当知名度的群众文娱社团。百草堂话剧社和龙华歌友会则是完全自发的群众社团。龙华歌友会已经几乎风雨无阻地活动多年，在上海各大公园大家唱活动中有一定的名气。而百草堂话剧社是通过网络聚合而成的一个以年轻白领为主体的社团，其成员几乎没有什么戏剧的背景，但是在成立的前三年内，已经公开演出了四五部作品，在上海业余民间戏剧圈子里也有一定的影响。这两个群众文娱社团虽然和政府没有什么直接的关系，但是一直在稳定发展、逐步成长，因此可以被视为是草根社团的典型。另外，华阳路街道合唱队和龙华歌友会都是以中老年人为主的社团，并且活动内容也是相同的；而百草堂剧社和都市原点话剧社都是以年轻人为主的社团，都是话剧社。这也便于我的比较和分析。

第二，另一个原因是资料的易得性。人类表演学研究秉承了人类学研究中田野调查的学术传统，非常重视微观的、具体的田野调查。虽然上海的民间社团很多，但并不是每个社团都愿意或者能够让我进行长期的跟进和调研。由于长宁区文化局及南京东路街道和上海戏剧学院都有合作关系，因此以长宁区的华阳路街道合唱队和黄浦区南京东路的都市原点剧社为研究对象可以给我的调研提供极大的便利。而龙华歌友会的活动场地龙华烈士陵园就在我当时居住小区的旁边，方便我经常地参加龙华歌友会的活动。百草堂话剧社则是通过朋友的介绍后联系上的，从2009年初起正式加入百草堂话剧社，我参加了之后几年里他们的几乎每一次活动，参与了剧社参加的"09先行——青年创意戏剧节""风行——白领戏剧社团短剧展演"等多次活动，全程参与了《面具》《面试风波》和《寻找艾米莉》等剧的创作和演出，因此，我不仅以一个外来者、一个研究者，同时也是以社团成员的双重身份更深入地理解和感受社团。

五、本研究的创新之处

（一）把社区群众文娱团队作为研究对象

到目前为止，虽然有很多关于社区民间组织和社团的研究，但是专门针对社区群众文娱团队的研究几乎没有。大多数研究要么针对准官方的组织和社团，要么针对公益性的民间组织、社团。由于社区群众文娱活动属于私人领域，这些组织、社团只是以满足成员本身的兴趣和利益为目标，一般被归为互益性组织，似乎缺乏一点"社会意义"，因此没有引起研究者的重视也理所当然。但是社区群众文娱社团在社区的民间组织和社团中占据了很大的比重，这已经在很多调研中得到数据的证实。作为一个普遍存在的社会现象，本身就具备了研究的价值。同时，非公益性并不等于没有社会意义，这一点我将在后面深入探讨。

（二）运用人类表演学理论，对社区群众文娱社团进行描述和阐释

我根据迄今为止收集的相关资料，对于社团的研究主要集中在社会学领域，少量研究以政治学、组织学的视角进行，用人类表演学理论对社团进行分析尚无先例。所以用人类表演学的理论研究一个社会学的问题是一个全新的尝试，对于这个学科而言也是扩展其研究领域的一个尝试，如果人类表演学的理论可以很好地分析城市社区群众文娱社团，那么将来也可以将这种分析模式推广至其他种类的社团，乃至所有其他类型的人类群体。

在社会学中，社团研究大多在国家—社会的分析框架中展开，这是一个比较宏观的研究工具，在进行微观层面的分析时往往显得过于简单而僵硬。民间社会总体上处于弱势的、被动的地位，但这并不意味着民间社会完全没有自主性。因此，在把国家—社会关系作为基本背景的前提下，运用人类表演学理论分析具体的社团的行动，将更全面地展现群众社团的复杂变化的状态，因此也是对社会学研究的一个拓展。

第二章

相关研究的述评

一、对城市地区群众文娱社团已有研究的追溯

　　与城市社区群众文娱社团相关的研究可以从两个脉络进行追溯：一个是关于社区的研究，另一个是对社会组织或民间组织的研究。在国外，关于社区的研究始于 1887 年德国社会学家滕尼斯的《共同体与市民社会》。不过他书中的社区是传统农业社会的乡村。进入 20世纪后，城市社区成为社区研究的重要内容，最具代表性的是以罗伯特·帕克（Robert Park）为代表的芝加哥学派用"人文区位学"观点对大城市社区的研究。同时，美国学者林德夫妇（Robert Lynd and Hellen Lynd）的《中镇》对小市镇进行了全貌研究。20 世纪 50 年代后，西方又发展了关于社区权力的研究。在这些研究中，社区都是作为一个地域性的概念。20 世纪末，由于交通和通信手段的革新，尤其是互联网的出现，人们之间跨地域空间的社会联系加强了，社区研究开始更多地转向非地域性社会网络和社会资本的研究。而民间组织的概念的出现及大规模研究的开展则是 20 世纪 70 年代西方国家发生福利危机以后的事情，民间组织作为国家中政府行动的替代性工具受到极大的重视。这些研究主要从市民社会理论、法团主义理论、治理理论、市场失灵或政府失灵理论、契约失灵理论、志愿失灵理论及社会资本理论等方面进行了研究探讨。[1]

---

[1] 　石宝孙：《社区民间组织发展现状及对策研究》，上海交通大学 2008 年硕士学位论文。

在国内，早期的社区研究主要是对农村社区的实地调查研究，最有代表性的就是费孝通先生的《江村经济》和《云南三村》。20世纪80年代政府大力推进"社区服务"和"社区建设"之后，社区成为学术界研究的热点，涌现了大量有关社区的研究。这并不纯粹是出于学术的兴趣，也希望为国家政策提供学理上的"合法性"和行动上的策略和方法。学术界比较关注的领域有社区的权力结构、社区交往、非政府组织等。这些研究大多使用"国家—社会"的分析框架，比较常用的分析概念是"社会资本""社会网络""社会参与"等。而民间组织成为学术研究的热点也是改革开放以后的事，涉及的层面众多，从民间组织的种类、合法性、管理机制、评估等研究，到大量的个案实证研究，大多运用西方引进的理论进行分析探讨。总体而言，有关民间组织的早期研究是比较宏观的、理论性的，而目前的研究则更微观、具体，大多采用案例分析进行实证研究。可以说，学者对民间组织的关注开始从全国性、地方性民间组织转向基础社区民间组织，从准官方的民间组织转向草根的社区民间组织。

二、对城市社区群众文娱社团已有研究的归类

作为社区研究和民间组织研究的交集，迄今有关社区中的民间组织或社会团体的研究主要可以归为以下几类：

（一）全景式研究

这些研究主要是对城市社区民间组织或社会团体进行梳理和分类，介绍了这些组织或团体的种类、参与人数、活动情况、经费来源等基本情况，并且讨论了中国社区民间组织发生发展的背景、发挥的作用，以及存在的问题，还相应地提出一些建议。这些研究大

多以一个城市或者一个社区为对象，对其范围内的所有民间组织或社会团体进行全景式的介绍。

学位论文：

- 罗青青的《转型时期中国城市社区民间组织发展研究——以上海为例》①
- 于立华的《我国非传统社团社会功能的哲学思考》②
- 郑碧强的《城市社区民间组织问题研究》③
- 崔茂华的《我国城市社区非营利组织研究》④
- 罗宁的《社会资本视角下的我国城市社区民间组织发展研究》⑤
- 徐寅之的《城市社区社团组织发展与研究——以上海市徐汇区田林社区为例》⑥
- 赵婷婷的《社区准民间组织发展状况研究——以郑州市为例》⑦
- 石宝孙的《社区民间组织发展状况及对策研究——主要以上海市松江区为例》⑧

---

① 罗青青：《转型时期中国城市社区民间组织发展研究——以上海为例》，华东师范大学 2004 年硕士学位论文。

② 于立华：《我国非传统社团社会功能的哲学思考》，中国石油大学 2007 年硕士学位论文。

③ 郑碧强：《城市社区民间组织问题研究》，福建师范大学 2005 年硕士学位论文。

④ 崔茂华：《我国城市社区非营利组织研究》，同济大学 2006 年硕士学位论文。

⑤ 罗宁：《社会资本视角下的我国城市社区民间组织发展研究》，华中师范大学 2007 年硕士学位论文。

⑥ 徐寅之：《城市社区社团组织发展与研究——以上海市徐汇区田林社区为例》，上海交通大学 2008 年硕士学位论文。

⑦ 赵婷婷：《社区准民间组织发展状况研究——以郑州市为例》，郑州大学 2006 年硕士学位论文。

⑧ 石宝孙：《社区民间组织发展状况及对策研究——主要以上海市松江区为例》，上海交通大学 2008 年硕士学位论文。

- 王敏的《我国城市社区中介组织发展及对策研究》①

期刊论文：

- 王时浩、杨巧赞的《探析社区中介组织》②
- 张卫的《社区民间组织：社区建设与发展的推动力》③
- 陆春萍的《社区民间组织的嬗变与功能构建——以和谐社区建设为背景》④
- 罗忆源的《广州市社区民间组织的培育和发展》⑤

（二）对某一个或某一类社区民间组织进行研究

其中体育类社团占了大多数。和上一类研究相似，这类研究也是主要介绍社团或组织的基本情况、目前存在的问题，以及对今后发展的建议等。

- 陆春萍的《合作模式下社区人民调解组织的社会化运作》⑥
- 赵文杰等的《上海社区体育组织的现状特征及发展对策研究》⑦
- 刘建炜、李建国的《社区体育中介组织理论建设探讨》⑧
- 任大方的《对我国城市社区体育基层组织发展停滞现象的

---

① 王敏：《我国城市社区中介组织发展及对策研究》，内蒙古大学 2008 年硕士学位论文。
② 王时浩、杨巧赞：《探析社区中介组织》，《中国民政》2003 年第 3 期。
③ 张卫：《社区民间组织——社区建设与发展的推动力》，《学海》2004 年第 6 期。
④ 陆春萍：《社区民间组织的嬗变与功能构建——以和谐社区建设为背景》，《福建行政学院福建经济管理干部学院学报》2007 年第 3 期。
⑤ 罗忆源：《广州市社区民间组织的培育和发展》，《兰州学刊》2009 年第 1 期。
⑥ 陆春萍：《合作模式下社区人民调解组织的社会化运作》，上海大学 2008 年博士学位论文。
⑦ 赵文杰等：《上海社区体育组织的现状特征及发展对策研究》，《体育科研》2005 年第 4 期。
⑧ 刘建炜、李建国：《社区体育中介组织理论建设探讨》，《西安体育学院学报》2007 年第 3 期。

研究——以社区居民日常参与的体育活动组织为例》①
- 焦敬伟等的《上海市社区群众性体育健身团队的调查研究》②
- 高静的《城市社区群众文化活动团队的发展现状和运行规律——以西安市为例》③

（三）对社区民间组织、社会团体的某一个方面问题进行研究分析

这些问题包括：社区民间组织、社会团体在基层社会管理中的作用或潜在作用，社区民间组织在日常活动中的行动方式和策略；居民参与社区民间组织、社会团体的情况。

学位论文：
- 陈立周的《城市基层社区组织的行动逻辑——以长沙市古井社区居委会为例》④
- 陈芬的《城市社区民间组织的功能研究》⑤
- 张远芝的《居民参与社区民间组织的态度与行为研究》⑥
- 汪惟娟的《社区民间组织：从内部效应走向外部效应——以上海市闸北区临汾社区为案例的研究》⑦

---

① 任大方：《对我国城市社区体育基层组织发展停滞现象的研究——以社区居民日常参与的体育活动组织为例》，《中国体育科技》2007 年第 3 期。
② 焦敬伟等：《上海市社区群众性体育健身团队的调查研究》，《武汉体育学院学报》2008 年第 6 期。
③ 高静：《城市社区群众文化活动团队的发展现状和运行规律——以西安市为例》，《中国民政》2008 年第 11 期。
④ 陈立周：《城市基层社区组织的行动逻辑——以长沙市古井社区居委会为例》，湖南师范大学 2008 年硕士学位论文。
⑤ 陈芬：《城市社区民间组织的功能研究》，苏州大学 2008 年硕士学位论文。
⑥ 张远芝：《居民参与社区民间组织的态度与行为研究》，华中农业大学 2007 年硕士学位论文。
⑦ 汪惟娟：《社区民间组织：从内部效应走向外部效应——以上海市闸北区临汾社区为案例的研究》，复旦大学 2008 年硕士论文。

- 韩巧灵《城市社区民间组织的道德建设功能及实现》①

期刊论文：

- 吴新叶的《城市社区居民民间组织中的非法人化现象：问题与应对——对上海市 13 个街道的调查与分析》②
- 李友梅的《基层社区组织的实际生活方式——对上海康健社区实地调查的初步认识》③
- 张玲玲、时立荣的《社区民间组织的居民参与——以东阳市 D 社区为例》④
- 刘迎华的《社区权力及其运行——S 社区内的重要群体与社会事件分析》⑤
- 徐济益、刘爱莲的《城市社区民间组织与驱动功能分析——以南京鼓楼区社区民间组织为例》⑥
- 谢倩的《城市社区民间组织监督机制现状分析与对策研究——以南京市鼓楼区民间组织为例》⑦
- 周晨虹的《社区公共事务管理中的社区民间组织的作用探析——以济南市 L 区 Q 街的个案为例》⑧

---

① 韩巧灵：《城市社区民间组织的道德建设功能及实现》，华中师范大学 2008 年硕士学位论文。

② 吴新叶：《城市社区居民民间组织中的非法人化现象——问题与应对》，《城市管理》2008 年第 4 期。

③ 李友梅：《基层社区组织的实际生活方式——对上海康健社区实地调查的初步认识》，《社会学研究》2002 年第 4 期。

④ 张玲玲、时立荣：《社区民间组织的居民参与——以东阳市 D 社区为例》，《北京科技大学学报》（社会科学版）2007 年第 3 期。

⑤ 刘迎华：《社区权力及其运行——S 社区内的重要群体与社会事件分析》，《华东理工大学学报》（社科版）2001 年第 4 期。

⑥ 徐济益、刘爱莲：《城市社区民间组织与驱动功能分析——以南京鼓楼区社区民间组织为例》，《城市问题》2005 年第 5 期。

⑦ 谢倩：《城市社区民间组织监督机制现状分析与对策研究——以南京鼓楼区社区民间组织为例》，《安徽农学通报》2007 年第 2 期。

⑧ 周晨虹：《社区公共事务管理中的社区民间组织的作用探析——以济南市 L 区 Q 街的个案为例》，《暨南大学学报》（社会科学版）2008 年第 4 期。

三、对城市社区群众文娱社团已有研究的评价

第一，这些研究要么是对社区的民间组织、社团进行全景式的介绍，要么是对像居委会这样的准官方组织，或者是业主委员会、维权组织等公益性的组织进行研究；缺乏对真正草根性的民间组织、社团的深入研究。

第二，大多数研究采用了案例法，但是对案例的描述多于分析、理解。即使对民间组织、社团进行分析、理解，也往往把民间组织、社团"人格化"，即将民间组织、社团作为一个行动者来考察其行动的逻辑。但是民间组织、社团是由很多个体组成的，这些个体具有不同的背景、个性和动机，把民间组织、社团人格化将忽视其内部的多样性和复杂性。

第三章

华阳路街道合唱队和龙华歌友会

华阳路街道合唱队和龙华歌友会的共同之处在于两者都是以中老年人为主体的社团，基本的活动内容都是唱歌。不同之处在于华阳路街道合唱队是由街道一手组织成立的，而龙华歌友会则完全是几位歌友自发组织成立的。下面我将首先介绍这两个社团基本情况、社团的活动资源、社团的活动形式和内容，然后对这两个社团的行动目标和行动模式进行比较和分析。

一、两个群众文娱社团的基本情况

（一）华阳路街道合唱队

在第一章中我介绍了中山公园"大家唱"的情况，这个"大家唱"真正的发起者和组织者是华阳路街道，而具体承担者是华阳路街道合唱队，每天都有来自街道合唱队的三位成员担任"大家唱"的领歌员，而街道也把中山公园"大家唱"视为社区合唱团的一部分。华阳路街道合唱队和社区合唱团究竟是怎么回事？他们和"大家唱"的关系是怎样的呢？这要从华阳路街道闻名全国的"凝聚力工程"和"社区网格化管理"说起。

1. 上海市长宁区华阳路街道的基本情况

华阳路街道位于上海市长宁区的东部，下辖 21 个居委会，辖区面积 2.04 平方公里，人口近 10 万。社区内群众文化活动开展的主要场地包括 2006 年投入使用的占地 2 000 多平方米的华阳社区文化中心 7 层大楼和户外的中山公园、天山公园、凯桥绿地等。华阳路街道的社区建设和社区群众文化活动不仅在上海，而且在全国都是有知名度的。1993 年，华阳路街道开展了"了解人、关心人、凝聚人"的"凝聚力工程"，旨在"帮困送温暖和访贫问苦中密切党和群众的关系"。这项工程得到了政府的肯定，并作为社区建设、基层党建的榜样在全市乃至全国推广。作为凝聚力工程的一部分，街道把社区文化定位于"不只是社区居民自娱自乐、吹拉弹唱的业余文化活动，而是涉及一种价值、一种精神生态环境、一种公共理念，是凝聚力工程建设的基础性工作"。2000 年，街道召集了一些群文活动的骨干开会，讨论如何开展群众文化活动。街道方面希望群众文化活动能够"正规化"，便于管理；而这些骨干分子也希望通过街道这个中介或平台扩展活动的空间。这些骨干分子平时除了积极参加街道的各种活动，也另外参加一些诸如健身类的自发的社团活动。他们希望由街道牵头把这些分散的自发群众社团组织起来，这样大家可以相互交流，多学点东西，多玩点花样。于是 2000 年 9 月 28 日，华阳路街道成立了"群众团队指导站"，开始对原有的街道社团和自发的团队进行整合，通过制定《华阳路街道群众团队工作机制》和《华阳路街道群众团队工作细则》，对团队进行了格式化和统一管理，把"原来的 200 多支队伍分类合并成 36 支有组织、守纪律、讲奉献的精品队伍"。①2002 年 4 月，在民政局的要求下正式注册登记了民办非企业性质的华阳路街道群众团

---

① 王国梁、蒋涵英：《华阳路街道加强"凝聚力工程"建设的实证和解析》，《上海党史与党建》2006 年第 8 期。

队活动指导站。指导站的举办单位是上海长宁区华阳路街道社区服务中心，业务主管单位是长宁区华阳路街道办事处，注册所需的10万元资金由街道老年协会、街道红十字会、街道社区服务中心共同出资。该群众团队指导站2005年获得民政部颁发的"全国民办非企业诚信与自立先进单位"称号，2002年和2004年分别获得上海市和长宁区的"三八"红旗集体荣誉称号，2006年获得"上海市先进民间组织"荣誉称号。

2. 街道合唱队的成立

群众团队指导站成立之前，华阳路街道和当时上海绝大多数街道一样，名义上有不少群众文化团队，其中也包括合唱队。但是当时的这些街道团队大多没有常规性的活动，一般的情况是街道干部手中积累一定数量辖区内文艺积极分子和骨干的信息，每逢接到上级部门的演出、活动任务，就通过动员这些人，把他们临时组织起来排练节目以完成各种任务。等到活动结束后这些团队就解散了，直到下次有任务再集合起来。所以当时街道的各种群众文娱社团主要是临时性的、突击性的。造成这个状况的主要原因是：首先是政府一贯把群众文艺活动定位于配合当下中心任务进行宣传和动员，从解放初期到新时期前这段时间最为明显。其次是街道无法为这些团队提供固定活动的场地及开展活动的必要经费。80年代政府财政紧张，提出了"以文养文"的口号，也就是让文化单位走市场化道路，通过各种经营性活动增加收入，以补贴政府文化经费的不足。在那样的背景下，相对于经济发展，文化，尤其是群众文化处于相对次要的地位，政府对于文化事业、群文活动的投入也非常有限。每个社区可以开展群众文娱活动的场地有限、经费拮据，因此很难开展常规性的群众文娱社团活动。

与此同时，在社区，老百姓出于健身、交际、娱乐等方面的需要，自发地结成了很多社团，主要以退休的老年人为主。这些社团往往比较分散、规模小、重复多，比如一个公园里可能就有十几个打木兰拳的社团。社团的形成和维持更多地取决于熟人关系和志趣相投。在这些民间自发的社团中有这样一部分人，一方面，他们出于自己的目的和需要参加了各种自发的草根社团，另一方面，他们又是街道或者居委会活动的积极分子和骨干，是街道活动的主要参加者。事实上，这些社区活动的积极分子在街道办事处和社区居民之间起到了联结的作用，在包括群文活动在内的基层工作和活动中扮演了非常重要的角色。前面提到，街道每年都会有一些活动任务，而街道的有限编制和经费决定了它需要动员相当数量的社区志愿者来帮助其完成任务。街道干部和居委会干部或者通过日常走访工作，或者通过档案资料，或者通过现有志愿者及骨干的推荐，了解潜在志愿者的信息，并通过动员手段聚集了一批比较稳定的志愿者骨干。这些志愿者骨干是基层各种工作的主要协助和承担者，比如担任居民小区的楼组长工作、各种群文社团的主要参与者等。街道如果需要参加演出活动，就在这些骨干的基础上组成合唱队、锣鼓队、舞蹈队等。假如活动需要的人数较多，那么就通过这些骨干再去寻找其他参与者。

2001 年 10 月，华阳路街道群众团队指导站组建了新的街道合唱队。招收队员的途径包括动员现有骨干、通过居委会在各个楼道张贴通知、熟人推荐等。最初招收队员没有任何门槛，任何想参加的人都可以入队，甚至附近其他社区的居民也可以来参加。当然这也意味着最初的一批队员大多没有什么声乐基础。但是报名参加合唱队的人一般对唱歌都有很强的兴趣，而且文化层次较高，很多是大专以上学历，原来从事的职业主要有教师、工程师、设计师等，不少人在单位里还担任领导工作。这些人在年轻的时候就对唱歌非常感兴趣，但是当时忙于工作和家庭事务，没有机会唱歌，退休后终于可以一圆儿时的梦想。

3. 街道合唱队的发展延伸——社区合唱团

群众活动指导站成立后，对辖区内的 100 余支群众团队进行了梳理。2004 年，华阳路街道被定为首批上海社区网格化管理模式的试点单位。以此为契机，指导站又重新对社区团队资源进行了整合并归类，对弱小的团队也进行统一管理，最终整合成 20 支街道群众团队（2008 年）。以合唱队为例，指导站把街道合唱队、各居委会合唱队、社区声乐班、社区歌咏队，以及中山公园大家唱活动都整合成一个大的社区合唱团（见本章附录中的图 1）。

（1）**居委会合唱队**。华阳路街道共辖 21 个居委会，每个居委会都有文化活动室，同时居委会干部中也有专门负责群众文化的人员，每个居委会都成立了数支群众文娱活动社团，包括合唱队。2004 年实行社区网格化管理后，以街道合唱队为核心主队，21 个居委会的合唱队成为分队。华阳路街道不仅从名义上将居委会合唱队设立为分队，而且在具体的运行中通过一些措施把居委会分队和街道主队联系起来。这些措施主要是街道合唱队在招收队员的时候给每个居委会至少 1 个名额，这样就保证了每个居委会都有街道合唱队的成员，这些成员在各自居委会的团队里既是骨干又是联络员。这样的安排，一方面便于管理，如果街道要组织活动或者开会，原本需要街道负责人一个一个打电话通知，而现在只要给街道的团队成员开会通知布置任务，由他们回去组织安排就可以了。另一方面，街道合唱队的成员在各自的居委会团队又是核心骨干，可以把街道合唱队学到的东西传授给自己团队的成员，把街道布置的任务传达下去，这样就把街道社团和居委会社团紧密地联系起来，统一管理、共享资源。

（2）**歌咏队**。歌咏队的前身是街道的"想唱就唱"沙龙，每周一下午一点半到四点半在街道的社区文化活动中心活动。沙龙的宗旨是让所有想唱歌的人都可以有一个自娱自乐的平台。与街道合唱队需要街道补贴一定费用不同的是，沙龙实行自负盈亏的承包方式，即由社区中4位擅长乐器的居民自发组成的一个小型乐队（2把小提琴、1把二胡，1把手风琴）承包，街道则提供场地。沙龙收取每个参加者5元/次的费用，提供茶水一杯。参加者进来后先领一个号码，然后依次点想唱的歌，让乐队为自己伴奏，形式类似于真人伴奏的卡拉OK。这个沙龙活动持续了两年半。前期参加的人比较多，一般有10来人，最多的时候有20人。后来由于新鲜感消退，活动的人数越来越少。一些经常来活动的人提出希望有机会学唱新歌，而华阳路街道由于群众文化活动搞得好，各种演出活动越来越多，所以也希望建立一个合唱二队，帮街道合唱队分担掉一部分演出任务。由于现在报名参加街道合唱队的人越来越多，所以合唱队在招收成员的时候都要考试筛选，不仅要有声乐基础，形象也要好，最好年龄也轻一点。这样就有不少人进不了街道合唱队。街道希望把这些人和一些合唱队退下来的成员组织起来，慢慢分担街道的部分活动，比如水平较高的街道合唱队参加级别比较高的、重要的活动，而二队则参加街道内部的活动。于是"想唱就唱"沙龙转变为歌咏队，街道专门请来了老师带教歌咏队的活动，不过歌咏队是收费的。在组织和管理方面，歌咏队和合唱队一样设立了队委会，负责点名、发歌谱、联络等工作。

（3）**社区学校声乐提高班及女子小组唱队伍**。2001年，街道开办社区学校，其中开设了一个声乐基础班。刚开始这个声乐班准备开一两个学期后就重新循环，但是没想到学员强烈表示要继续学下去，于是就这样一期一期延续下来。之间虽然也不断有新学员的加入和老学员的退出，但是相当数量的学员一直坚持学了好几年，他们的水平有了很大的提高。后来街道索性为这些老学员又开了一个声乐提高班，而声乐基础班则招收新学员，重新开始。声乐提高班的学员虽然只有十来个人，而且都是女性，但她们有比较好的声乐基础，总体水平比较高，因此街道最近也有意把这个提高班的学员组成一支女声小组唱的队伍，作为华阳路街道的一个特色、一个品牌来推。

（4）中山公园"大家唱"歌友会。前面已经介绍过这是华阳路街道合唱队组织和带领的一个群众自娱性歌咏活动，通过每天组织活动的领歌员，"大家唱"和街道合唱队保持了密切的联系。每年街道组织的歌会都会邀请"大家唱"歌友会表演节目。街道其他的活动也经常邀请"大家唱"的歌友参加，2006、2007 年，还组织了"大家唱"的周年庆祝活动。

华阳社区合唱团实际上包括街道合唱队、居委会分队、歌咏队、大家唱歌友会等几个形态差异较大的社团，社区合唱团是街道通过行政手段整合的结果。而在实际生活中，这些社团都是各自独立活动的，有各自不同但比较明确的定位，彼此间的界线分明，所以为了和其他几个典型社团相对应，接下去我将以街道合唱队为对象进行分析和比较。

（二）龙华歌友会

龙华烈士陵园是龙华地区最大的公共绿地和群众文化活动集中的地方，周围的大型社区有徐汇苑、盛大花园、强生花苑等，住宅密集，人口众多。早上 7 点到 10 点是公园活动的高峰，活动的人大多是周围社区的居民，以退休的中、老年人为主。

在靠近烈士陵园东门的地方有一个回廊，回廊最大的特点是有顶，也就是说下雨的时候回廊里是淋不到雨的，这就给活动提供了很大的方便。从 2007 年开始，有一群老人每天早上 8 点多到 9 点多自发地在这里组织唱歌活动，他们自称为"歌友会"。除了极端恶劣的天气，歌友会几乎每天都来唱歌。说起这个歌友会的来历，必须追溯到之前一位姓樊的离休老干部自发组织的一个唱歌活动。最初这位樊老先生退休后到龙华烈士陵园晨练，他年轻时就喜欢唱歌，萌发了找几位相识的朋友一起唱唱歌的想法，于是他和几位同样喜欢唱歌的朋友在烈士陵园的草地上自弹自唱、自娱自乐。过了一段时间，不少在烈士陵园晨练的人也加入了他们的唱歌活动，人数越来越多，声势也越来越大。这个自发组织的唱歌活动引起了龙华街道的注意，当时街道正需要成立合唱队，于是街道的干部动员几位主要成员到街道来组织合唱队。由于烈士陵园里的唱歌活动已经有了不少固定的参与者，不少人也跟随着樊老先生等几位骨干一起加入了街道的合唱队。几年之后，街道合唱队的演出活动任务越来越多，对合唱队成员的要求也越来越高，原先只要愿意不管是谁都可以参加，但是现在合唱队对成员的外形、年龄和声乐条件已经有了一定的要求，而一些最初的成员由于年纪大了，同时唱歌水平比起通过挑选进来的新成员来也有差距，所以直接或间接地、主动或被动地，一些老成员慢慢被淘汰出街道合唱队，其中也包括最初从烈士陵园里拉来的几位骨干。

2007 年，樊老先生和另外几位从街道合唱队退出的成员又萌生了回到烈士陵园唱歌的念头。刚巧樊老师的一位姓夏的朋友，刚从苏州离休后回到上海。这位刚退下来的夏老先生一时不能适应新的生活状态，精神和情绪非常不好，导致疾病缠身。这时几位老朋友来看望他，发现他状态如此糟糕，于是建议一起到公园去散散心、唱唱歌。这样，这几个人重新来到烈士陵园开始了唱歌活动。刚开始参加的人数只有几个人，几年后已经扩大到每天少则二三十人，多则六七十人的规模。参加活动的基本都是退休的中老年人和家庭妇女，到了周末也会有一些年轻人参与。

二、两个群众文娱社团的活动资源

（一）华阳路街道合唱队

　　社团活动需要的资源包括场地、经费、师资等。华阳路街道合唱队日常活动的场地是街道提供的，在社区文化活动中心，是免费的。经费主要指参加演出或比赛所需要的服装、道具、交通等费用。由于街道合唱队的演出和比赛都是街道有关部门布置和安排的，所以演出服装道具都是街道提供的。如果演出的场地就在社区里或者附近，那么合唱队的队员就自行前往；如果是比较远的地方，街道会联系接送的车辆。有时候合唱队参加街道的活动，街道会象征性地支付几十元的费用作为餐费、水费或者交通的补贴。

　　合唱队的老师也是街道安排的。第一位指导老师是一位社区的志愿者。第二位指导老师就是群众团队指导站的负责人之一，同时也是社区声乐班的老师及街道合唱队的总负责人李凤英老师。她也是华阳社区的居民，退休前是少年宫的音乐老师，退休后也一直在艺校、工人文化宫任教。2001 年，街道的社区学校开设了声乐班，有经常来街道活动的居民向街道群文活动的负责人推荐了李凤英老师。经过动员后，李老师接受了街道的邀请担任社区声乐班的老师，随后又接手了街道合唱队。几年下来，在李老师的调教下，队员从只识简谱到掌握很多乐理知识和发声方法，合唱队的水平有了很大的提升，用她的话讲，"在上海业余的合唱队中已经达到了很高的水平"。为了进一步提高合唱队的水平，街道又请来了专业老师——闸北文化馆馆长、专业独唱演员屠石金老师。新合唱队成立后得过十几次市、区级的奖项，也曾经到上海大剧院演出过。在上海社区合唱队中有一定的知名度。

（二）龙华歌友会

　　歌友会的活动成本是非常低的，场地是烈士陵园的公共场地，组织者（包括教歌的老师）都是志愿者，抄写歌谱的纸张大多是歌友从家里拿来的旧挂历，而且歌友会从不参加演出和比赛，所以也没有服装道具之类的费用。刚开始歌友会活动是免费的，但是在活动中发现需要录音机、磁带，以及手风琴来伴奏。最初一些热心的参与者把自己家里的录音机和手风琴拿来用，可是每天拿来拿去很不方便，另外这些东西也有损耗，需要修理。所以大家商量下来决定每人每月交 2 元的会费①。会费由一位骨干负责收取和管理。由于歌友会人员的流动很大，所以会费的收取本着自愿的原则。核心成员和积极分子都很主动地交钱，通常半年一年地一交，但是大量的流动成员很多是不交的，歌友会也不勉强、不催讨。第一年积攒的会费主要用于购买一架新手风琴，之后的会费则主要用于购买抄写歌谱的纸张、笔墨，以及手风琴、录音机的维护修理费等。

三、两个群众文娱社团的活动形式和内容

（一）华阳路街道合唱队

　　华阳路街道合唱队的活动可以分成常规性活动、表演性活动、培训交流活动和团队建设活动四大类。

1. 常规性活动

　　常规性活动指的是在比较固定的时间和地点开展的常态化社团活动。街道合唱队的常规活动安排在每周六上午 8 点半到 11 点半，

---

① 是我 2009 年做田野调查时的标准。

地点是在华阳路街道的社区文化活动中心 4 楼的一个综合教室，常规活动的内容主要包括基础训练、学习新歌、复习老歌、排练节目等。一般学一首新歌需要 3 次活动的时间，合唱队一年大约可以学十几首新歌。但是假如要参加比赛演出则需要通过排练以提高演绎的水平。以合唱队目前的水平排一个大合唱节目需要约 1 个月（4次常规活动）的排练。一般合唱队每年可以排八九首新的大合唱节目和六七支小组唱节目。假如要参加演出活动，或者接到了临时的任务，合唱队会另外增加排练时间。另外，每周的常规活动也是队委会开会或者传达街道各种信息的机会。

2. 表演性活动

街道合唱队的活动一般都是由街道安排的，这些活动和街道的工作任务及安排紧密相关。街道合唱队每年参加的活动从主题内容上可以分成以下几类：

（1）固定的节庆活动，指与重要的节日和国定假日有关的活动。比如 2009 年，街道合唱队参加了新春茶话文艺联欢、元宵联欢会、中秋联欢活动、敬老活动文艺演出等。

（2）各种比较固定的主题活动，指像学雷锋、法制宣传、环保宣传、消防日宣传等每年比较固定的主题活动。比如，合唱队参加的消防文艺宣传活动、长宁区虹桥文化之秋大型歌会、上海国际艺术节的周周演、长宁区职工歌曲大赛、长宁区老年文化艺术节、长宁区国际艺术节"天天演"等。

（3）配合全国或全市当下主题的活动。像 2008 年的迎奥运和2009 年到 2010 年的迎接上海世博会，还有 2009 年改革开放三十年主题等。比如，合唱队参加的上海"唱响奥运"合唱比赛、长宁区"改革开放三十周年"原创作品歌曲比赛、长宁区"辉煌三十年"凝聚力之歌大型歌会、长宁区入党 30 年党员代表大会文艺演出、华阳路街道

"廉政主题"活动文艺演出和"禁毒"文艺宣传活动等。

（4）本社区的各类活动，指街道着力打造的社区文化系列活动及社区团队建设活动。比如，街道大型慈善募捐活动、华阳社区"凝聚社区、和谐社区"群众歌咏大赛、第三届社区文化艺术节、"欢乐华阳行 和谐社区情"社区巡演、华阳凝聚力工程十五周年暨社区第三届文化艺术节、华阳社区职工艺术节、社区商圈白领、外来务工者"网上行"启动仪式等。

（5）突发性的活动。比如2008年汶川大地震发生后，街道组织"我们是兄弟姐妹——群众团队赈灾义演"。

3. 培训交流活动

街道每年会给合唱队安排一些学习交流活动。2008年这类活动有7次，包括到贺绿汀音乐厅观看音乐经典演出、在区图书馆听上音教授的讲座"经典老歌的艺术魅力"、赴东方艺术中心剧场看国外团队的合唱音乐会、在东方艺术剧场看合唱交响音乐会、到区文化艺术中心看星期专场音乐会、观看话剧《纪念碑》和大型滑稽戏《可苦可乐》。作为社区文化建设的一部分，市里和区里经常会有一些演出、讲座等文娱资源配送到社区，上海的一些专业院团也与社区挂钩进行免费或有偿的演出。这些演出、讲座虽然是给整个社区的文化福利，但是显然不可能所有社区居民都参加。决定这些福利分配权的是街道。一般来说，街道会分配给每个居委会一定的名额，其次就是给到街道的社团成员和志愿者。街道会根据活动内容的相关性和对街道贡献的大小进行有倾向性的分配。比如和歌唱有关的演出就分配给合唱队较多的名额，社团的负责人、骨干及一些志愿者中的积极分子优先考虑。

4. 团队建设活动

团队建设活动指的是为了增加团队凝聚力而组织的活动。比如元宵节合唱队部分队员、大家唱歌友、声乐沙龙歌友的联欢活动、合唱队部分队员赴杭州屏风山疗养院进行两日休闲自助游活动、街道为合唱队办的专场演出、全体合唱队队员赴乌镇一日游等。这些活动有的需要队员自费，有的街道会补贴一定的费用。尽管合唱队等社团参加街道安排的各项演出比赛活动都是义务的，但是街道根据实际情况多少会给予一定的补偿，以长期地维持街道和合唱队之间的这种合作关系。

（二）龙华歌友会

龙华歌友会的主要活动就是每天（恶劣天气和特殊情况除外）在公园进行唱歌活动，除此之外成立两年来曾搞过两次周年庆的活动。

1. 日常活动

歌友会除了极端天气或者特殊情况，一般是每天都活动的。时间是从早上 8 点多到 9 点多约 1 个小时。歌友会活动的地点是龙华烈士陵园中一个回廊的一角，整个活动的场地呈长方形，约可以容纳五六十人。两边有石头长椅供游客休息，而在靠西的一头是挂歌谱的地方。

每天早上，几位负责组织当天活动的核心成员会提前到场，把活动需要的手风琴和大歌谱准备好。由于手风琴和大歌谱每天拿来拿去很不方便，为了找到一个方便寄存的地方，歌友会和烈士陵园的管理部门沟通，得到了他们的支持，把手风琴和歌谱寄放在公园东大门门卫岗亭旁边的一个小角落里。几位骨干自己动手做了一个木箱子，把手风琴和大歌谱锁在里面。每天活动前取出来，活动结束后再放回去。而为了挂大歌谱，大家想出了一个办法，找了一根很长的绳子，一头绑上钩子，在两根柱子之间绕一圈后再用几个夹子把大歌谱挂在绳子上。

为了省钱，歌谱一般都抄写在旧挂历的背面。现在负责抄写歌谱和歌词的是一位姓王的老太太。她写得一手好字。一方面为了节省纸张，另一方面也为了唱歌时的方便，她一般把一首歌曲写在一张挂历纸上，如果歌曲比较长就在下面接一段纸，如果歌曲比较短，就把两首短歌写在一起。几年活动下来，歌友会的大歌谱已经有好几百张了。一般五六张大歌谱用线订成一本，平时卷起来，编上号码，每天按照号码轮着唱，每天1个小时的活动可以唱五六卷歌谱，大约有二三十首歌。由于现在歌友会已经积累了很多的歌曲，基本上一周唱下来都不会重复。歌曲大多数是几个骨干选的，以老歌为主，也有新歌，选择歌曲的主要原则是"弘扬主旋律"，并根据当下的社会形势选择歌曲，比如关于奥运会的歌曲、抗震救灾的歌曲等。遇到节日和纪念日也会唱一些相关的歌曲，比如建军节、春节、儿童节等。2009年10月1日，正好举行新中国成立60周年大阅兵，于是歌友会暂停活动一次，第二天的活动就以歌唱祖国为主题，组织者从所有的歌谱中找出和歌唱祖国有关的歌谱来唱。除了骨干选的歌曲，一些热心的歌友也常常给歌友会推荐歌曲，或把别的公园大家唱的歌谱拿过来，有时为了找一首歌的词谱，还让家里的年轻人帮助上网去下载。

歌友会的活动形式很简单，就是由领歌员和指挥跟着伴奏带领大家按照歌谱一首一首地唱。每天唱歌活动组织者一般有四个人，包括一位伴奏、两位领唱（其中一位点歌谱，另一位指挥），还有一位志愿者帮着挂歌谱和翻歌谱。歌友会活动以唱为主，偶尔也会教新歌。虽然歌友中有一些人希望多教点新歌，或者教一些乐理方面的知识，但是大多数歌友更喜欢通过大家齐唱的方式来放松和娱乐，所以新歌教得很少。教新歌的时候，通常由指挥或领唱先带领大家唱简谱，领唱唱一句，大家跟一句，这样反复几遍，直到大家对曲调有点熟悉了再开始唱歌词，也是以领唱唱一句、大家跟一句的形式来教唱。歌友会教新歌并不十分强调艺术处理，只要大家能基本正确地唱出来就可以了。在唱的时候，为了帮助歌友看歌谱，有一位专门负责点歌谱的人，因为一般歌曲都有几段，有时候还需要反复，而有些歌友不熟悉歌词，搞不清楚唱到哪里了，点歌谱就是为了帮助大家能顺利地唱起来。由于大多数歌友没有什么声乐基础，年纪大了学新东西也比较慢，所以一般一首新歌要连续教唱好几天，甚至好几周。即便是这样，歌友会在两年时间里教了大家二三百首歌曲。相比在街道合唱队每周只有一次活动、每年只能学几首新歌，在歌友会可以唱得非常尽兴，因此龙华街道合唱队的一些成员及附近小区里居委会合唱队的一些成员也每天来参加歌友会的活动，她们的水平比一般的歌友要高，不少人成为歌友会的骨干，带领大家一起活动。组织活动的几位骨干中有一位叫小晏的人，她善于调动大家的气氛，指挥的时候手舞足蹈、表情丰富，特别有感染力。有时候大家兴致来了，还边唱边跳，即兴发挥。还有一位是街道合唱队高音部的部长，她就理所当然地成为大家的老师，每天带领大家唱歌。这几位主要骨干一般会轮流带领大家唱歌，比如前半个小时由这几位指挥和领唱，后半个小时由另几个人来指挥和组织。有些时候这些骨干有事不能来活动，她们都会事先和其他骨干联系、交代，找到他人来组织，保证每天的活动能顺利进行。除了手风琴伴奏，歌友有时还带来其他的乐器，像笛子呀、三角铁呀、手鼓呀，跟着一起吹拉弹唱，好不热闹。

2. 周年庆活动

　　歌友会一般很少组织其他活动，只有在 2008 年和 2009 年的 7 月组织过两次周年庆活动。2008 年 7 月，歌友会成立一周年的时候，虹口区某公园的歌友会主动要求前来联欢。那次活动来了好几十个人，两个歌友会的歌友轮流地唱歌、对歌，虽然这次活动事先没有组织安排，现场有一些混乱，但是气氛非常热烈。2009 年 6

月，歌友会的核心马老师提议7月是歌友会成立两周年，又恰逢党的生日，所以想搞一次活动，一方面感谢歌友会的骨干每天不辞辛苦地义务组织活动，另一方面也和大家联络一下感情。她的想法得到了大家的热烈反应，一下子就有好几十个人表示愿意参加。一些比较积极活跃的歌友主动地报了节目，还有些歌友则是在别人的鼓励和怂恿之下也答应要表演节目，不少人每天活动结束后还专门留下来排练节目。而骨干也分头忙碌起来，有的负责在每天活动的间歇动员歌友参与，收集节目和聚餐费，有的负责联系一些很久没有来的成员，有的负责联系聚餐的酒店，还有的负责书写标语横幅、布置活动现场等。

7月1日，歌友会的骨干8点之前就来到了回廊，开始布置现场，做准备工作。除了平时用的伴奏乐器，专门选了许多和歌唱共产党有关的歌谱，另外在凉亭四角的四根柱子上贴了红标语，旁边挂起红色横幅，上面分别写着"庆祝建党八十八周年歌唱祖国歌唱党""庆祝七一歌咏联欢会""纪念歌友会两周年，祝大家健康快乐永远年轻"。在歌谱旁边还有一张大纸，上面写着当天活动的流程，另外一张纸上写着节目单。

参加活动的歌友早早就到了，不少人换上了漂亮的衣服，还有人带来了口红，给自己增加一点色彩，大家相互招呼着，仿佛过节一样喜气洋洋。一些久未露面的成员也特意赶来了，比如歌友会的发起者樊老先生，还有那位夏老先生。从8点半到8点45分，大家都忙着相互拍照留念。8点45分，负责主持活动的小晏宣布歌友会两周年活动正式开始，首先请歌友会的发起人樊老师发言。他发言的大意是"今天是建党八十八周年，又是歌友会成立两周年，我们在此搞活动，一方面是表示对烈士的怀念，同时要歌颂党、歌颂祖国、歌颂社会主义和和谐社会，同时也祝老人们安度晚年，身体健康、快乐"。接下来是另一位骨干张老师发言，她总结了歌队两年来活动的情况，指出歌友会唱的歌多种多样，有歌颂祖国歌颂党的，也有歌颂改革开放，同时也歌唱人世间的各种爱，有亲情、友情、爱情等。最后她表示要感谢歌友会的志愿者们作出的奉献。

几位骨干发言结束后，在齐声高唱"没有共产党就没有新中国"的歌声中，大家开始表演节目。当天演唱的歌曲有 30 多首，包括：《没有共产党就没有新中国》《社会主义好》《幸福不忘共产党》《敖包相会》《青藏高原》《哎哟妈妈》等。表演的形式有全体大合唱、小组唱、独唱、对唱等，也穿插了一些越剧、上海说唱、京剧等节目。除了事先安排的节目，还有很多即兴表演。歌友会的发起人樊老师唱到兴头上在大家的鼓动下跳了一个舞，被大家说笑是像"文革"的忠字舞。到大约 11 点，唱歌活动告一段落。歌友来到烈士陵园中间的雕像前合影。之后前往预约好的饭店聚餐，同去的一共有 50 多人。大家吃饭时，先由樊老师、马老师发言，再由大家相互敬酒。大约半个小时之后，大家又开始唱歌了，前来就餐的其他客人和服务员们都在一边好奇地看着。就这样边吃边唱，一直到下午 1 点才算结束。

四、比较两个群众文娱社团的行动目标

社团的行动目标可以从成员个体的层面及社团整体的层面来考察。从社团成员个人角度而言，不管是参加华阳路街道合唱队，抑或是龙华歌友会，其主要动机包括：一是的确喜欢唱歌，或者有这方面的特长。二是把唱歌作为一种娱乐和健身的方法。三是通过参加团队感受到集体的归属感。四是通过活动展现自己。前三个都可以归结为纯粹娱己的动机，而最后一个则是表现性娱己的动机。龙华歌友会的成员都是以纯粹娱己为目的，不少成员是原街道合唱队成员或者现任合唱队成员，比如歌友会的核心马老师在接受采访时

就明确表示，参加街道合唱队的压力很大，一方面是登台表演的压力，另一方面由于年纪大了，经常记不住歌词，学得很慢，由此受到指导老师的批评，所以感到很丢面子。而参加歌友会的活动则感到非常高兴，"唱得非常尽兴"。由此可见，龙华歌友会的成员主要的目标是纯粹的娱己，参加表现性活动反而抑制了娱己性需求的满足。而参加华阳路街道合唱队的人有一些是纯粹娱己，还有不少人有着强烈的表现欲。不少队员表示，参加各种比赛演出"是既有压力又开心，有压力是因为活动太多、太忙了，而开心则是因为可以展示自我"。个别表现欲强烈的成员甚至希望有更多的演出机会。在我采访的时候，有一位合唱队成员主动要求我给她介绍演出的机会。因此华阳路街道合唱队的成员是既有娱己性需求，又有表现性需求。

从社团的角度讲，有时社员个人的动机和作为整体的社团行动目标并非完全一致，因为社团整体的行动目标会受到其他因素的影响，比如华阳路街道合唱队是隶属于街道的社团，行动目标无疑受到街道的影响。因此，社团的行动目标要从它实际开展的各种活动及达成的最终目的来考察。

（一）龙华歌友会——纯粹的娱己

社团日常活动的目的就是让喜欢唱歌想唱歌的人得到活动的机会。这些日常活动并没有要向社团外部展示的意图。虽然歌友会唱的歌曲都是弘扬主旋律的歌曲，每逢国庆、建军节时也会专门选择歌唱祖国歌唱党歌唱军队的歌曲，但这完全是自发的行为，没有受到任何外界指令的压力，也没有包含宣传歌友会、展示歌友会某种形象的意图，这和街道合唱队为参加政府组织的各种活动而唱歌是不同的。虽然在歌友会的日常活动中，一直有不少人在旁边做观众、听众，但是对于歌友会而言，这类观众不是歌友会的行动对象，不管有观众也好，没有观众也好，也不管在旁边看和听的人是什么身份，歌友会都是为了自己唱歌。所以歌友会的日常活动完全是娱己的。

歌友会也曾经组织过两次周年庆活动。第一次完全是对方慕名主动找过来、双方联欢式的活动，这次活动是即兴的，歌友会没有事先准备和安排。而第二次活动歌友会是有一定的策划和组织的，但是两周年庆的活动不是为了向外部表现什么，用发起人马老师的话讲，当初她提出要搞周年活动只是想要感谢一些非常积极的志愿者为社团作出的贡献。但是没想到最后来唱的人有百来口，参加自费聚餐的也达到 50 多人。还有一个细节可以说明社团活动并不是针对外部的，原社团的发起人曾建议马老师请街道有关干部来参加，向街道展示宣传一下歌友会的风貌，被马老师婉拒了。她表示，"周年庆活动就是让大家聚一聚，高兴一下，没有其他的目的，所以没有必要牵扯到街道"。

歌友会成立后没有参加过任何的比赛或演出，而这也是歌友会特别受大家欢迎的一个重要原因。许多从街道合唱队退出的成员表示，参加街道合唱队由于要经常演出比赛所以压力特别大，而在歌友会就完全没有这样的烦恼。而且在街道合唱队，平时的活动就是排节目，一首歌反复排练，往往一年下来也学不了几首歌。但是在歌友会活动中，每天都可以唱上二三十曲，两年多下来，歌友会唱过的歌已经达到好几百首。很多社员都表示，参加歌友会后学到了很多的歌曲，收获很大。也正因为歌友会的活动完全以娱己为目的，没有任何表现的压力，所以很多街道、居委会合唱队的成员也经常来歌友会活动，有些还成了社团的核心，听说搞得街道合唱队似乎有些意见，说这些人参加歌友会的活动比参加街道的活动还积极。因此，通过对龙华歌友会的活动的分析，可以看出社团的行动目标就是纯粹的娱己。

（二）华阳路街道合唱队——表现性娱己

《华阳路街道群众团队工作细则》明确写道，华阳路街道群众团队的义务是"在街道党工委的领导下，在群众团队指导站的关心下，积极参与社区精神文明建设和社区团队活动的各项事务，成为培育居民的文明社区意识和提高居民的自身素质的有效载体"。同时，群众团队的工作目标是："1. 各团队要认真配合完成市、区、街道任务，在各项活动中要以良好的精神风貌、才艺奉献给广大的社区居民。2. 为提高各团队业务水平，街道积极为团队提供各类文化业务培训，要求团队在培训期间，必须完成教学课程，表演技巧，成为一支拉得出，打得响的群众团队。"从社团的规章制度可以看出，华阳路街道合唱队不仅仅是满足成员个人的娱乐、健身、休闲等需要，而且更是完成街道工作的重要工具，也是国家精神文明建设在基层社区的一个重要载体和途径。

同时，从社团实际开展的活动看，表现性活动占了很大的比率。2009 年街道合唱队参加的除常规活动外所有其他活动达到 46 场次（见表 1），这几乎和街道合唱队的常规活动一样多（常规活动一般是每周一次，一年大约 50 来次）。这些活动中表演和比赛占了约 80%。同时，由于要参加这么多的演出和比赛活动，合唱队常规活动的大半时间都花在了排练节目上。所以华阳路街道合唱队的行动目标是表现性的娱己，也就是说华阳路街道合唱队的行动既有娱己性目的又有表现性目的，而表现性目的不仅是因为成员个人的表现欲，也是由街道对社团的定位决定的。

五、不同的社团模式

由于华阳路街道合唱队和龙华歌友会各自行动目标不同，社团表现出来的活动模式也有很大的差别。

（一）华阳路街道合唱队的社团模式

1. 合唱队有一个有形的组织结构，特点是垂直且分成不同的等级

垂直结构的基本特点就是在社团中存在类似科层制的分层系统。科层制是组织的权力按不同的职能划分后，形成一种垂直的、标志着不同的职责和权限的分层结构。[①]垂直结构具体表现为：社团中的成员按照职务或职责分成高低不同的等级，不同等级的成员对社团的影响力是不同的；社团的资源从上至下垂直地流动和分配；社团大多数活动是自上而下发动的；在社团中信息以纵向传递为主。

街道合唱队内部呈现垂直的分层的组织结构（见图 2）。总负责人—队委会—普通成员是三个高低不同的等级，上一个等级的成员领导、管理下一个等级的成员。一般接到演出和比赛的任务后，由总负责人李凤英老师和街道干部商议出什么节目、选什么歌、派哪些队员参加等，而普通成员主要是执行上面布置下来的任务。合唱队内部的具体事务一般由李凤英老师和队委会成员们一起讨论决定的，然后每个声部部长和组长带领其成员一起完成相关的任务。

2. 合唱队成员有比较正式的、明确的分工，这种分工是比较固定的

与垂直的、等级分明的组织结构相对应的是社团不同等级的成员有着明确的分工，职责分明。街道合唱队共分成四个声部：男高、男低、女高、女低。每个声部都有声部长和组长，其中声部长负责业务，组长负责其他日常事务，比如考勤、联络、服装道具的管理等。这 8 位声部长和组长加上正副队长组成了街道合唱队的队委会。队委会在总负责人李凤英老师的带领下和街道群众团队指导站的领导下开展活动。

---

① 刘豪兴：《社会学概论》，高等教育出版社 1992 年版，第 292 页。

3. 合唱队有着比较严格有序的管理制度

华阳路街道群众团队指导站制定了《华阳路街道群众团队工作细则》及《华阳路街道群众团队工作服务机制》，作为所有群众社团行动的准则。《华阳路街道群众团队工作服务机制》包括了多项工作机制，如"分层管理机制、协调沟通机制、信息反馈机制、项目承接机制、社区联系机制、活动指导机制、协作交流机制、激励机制、自我监督机制"。

4. 合唱队与外部有着明确的边界

一般来讲，越是正式的组织，其边界越明确。华阳路街道合唱队刚成立时，对成员没有什么要求，附近其他社区的居民也可以加入。随着华阳路街道合唱队越来越正规、名气越来越大，社团对成员加入也提出了要求。社团一般每年都会招新，由李凤英老师、街道的相关负责人及社团的一些骨干进行考核，报名者如果不够条件只能去参加歌咏队。因此合唱队有着比较明晰的边界。

5. 合唱队活动有规划和安排

合唱队活动主要由街道发起和组织，同时社团活动所需要的各种资源主要由街道提供。华阳路街道合唱队每年要参加的活动是很多的，而且随着政府越来越重视社区群众文娱活动，各种演出比赛有持续增加的趋势。这些活动主要是配合街道的各项工作，合唱队参加这些活动代表的是华阳路街道，所以在师资、经费等方面街道也是全力地支持合唱队。

（二）龙华歌友会的社团模式

1. 歌友会没有明晰的组织结构，没有成文的规章制度，只有在日常活动中自然形成的核心成员、积极分子和流动的参与者的差别

一般正式的组织都有清晰的组织结构，有明确的职责分工，有成文的规章制度等。而龙华歌友会是因为性格、爱好、交往、情感等因素逐渐形成的，是完全自愿的结社。歌友会没有规章制度，没

有队长、队委会之类的设置。不过这并不意味着歌友会的所有成员是无差别的。根据卷入社团活动的程度，歌友会的成员大致可以分成三个层次：核心成员、积极分子和流动的参与者。核心成员是维系社团的主要力量，是那些承担着社团运作日常事务，或者为社团生存和发展带来主要资源的成员。积极分子是那些经常参加剧社活动的社员。流动的参加者指不经常或偶尔参加剧社活动的成员。

（1）核心成员

- 樊老先生，是歌友会最早的发起人和组织者。
- 马老师，是歌友会活动的主要组织者，负责手风琴伴奏，也是两周年庆祝活动的发起人。
- 王老太太，负责抄写大歌谱。
- 金师傅，每天早上提前来把手风琴和歌谱拿到回廊，把大歌谱挂起来，在唱歌的时候经常帮着翻歌谱。
- 龙华街道合唱队高音部的部长，主要负责领唱和教歌。
- 小晏，主要负责指挥和组织。
- 财务，负责管理会费。

（2）积极分子

歌友会的积极分子大约有20来个人，几乎每天都来活动，而且活动的时候通常站在最前排。有一对夫妻，妻子先来参加歌友会活动，后来丈夫查出得了肝癌，为了散心跟着爱人一起来唱歌，没想到唱了一段时间后病情居然大大好转，连医生都觉得惊奇，建议他继续唱歌。还有一位姓孙的老太太，70多岁了，几个儿女都已经自立门户，她自己一个人住在龙华，每天早上打完木兰拳后就来参加歌友会的活动。孙老太太唱歌非常投入，虽然脚不好，但还是坚持站着唱，而且表情动作丰富，她自称"唱歌可以使心情愉快，对身体健康也很有好处"。

（3）流动参与者

流动参与者主要是平时在烈士陵园晨练的人。歌友会唱歌的时候，四周很多人自然会过来看看热闹，有些本来就喜欢唱歌的人就会加入歌友会，也有成员介绍自己朋友来唱歌。还有一些成员，原先是社团的积极分子或者骨干，但是因为种种原因不能来参加或者很少来参加活动。比如歌友会的成员大多是60岁左右的退休妇女，如果有孙辈降生，就需要帮着子女带小孩，因而无法再来参加歌友会活动。此外还有一些身体不好、行动不便的高龄老人，每天由保姆推着轮椅过来听大家唱歌。唱的唱、听的听，这也是公园大家唱活动的一道风景线。

核心成员、积极分子和流动的参与者的差别并不是由谁规定或指派的，而是在由长期的共同活动中慢慢显现出来的。比如在活动过程中，歌友会的核心成员，尤其是负责组织当天活动的成员都站在歌谱旁边，负责伴奏的成员一般坐在石椅上，负责领唱、指挥和翻歌谱的几位成员则站在歌谱前面。歌友会的积极分子一般都站在或坐在比较靠近歌谱的地方，而流动的成员大多站在或坐在队伍比较靠后的地方，有时还会聊聊天，还有一些只听别人唱而自己并不唱歌的人就站在队伍的外围，主要是在回廊的其他部分及回廊外面四周的地方。（见图3）

2. 自然形成的组织核心和简单的分工

龙华歌友会没有通过一定的程序推举产生的队长、队委会，一个成员在歌友会中处于什么样的地位，主要取决于他的个人能力和威信，但更重要的是他参与歌友会活动的表现和态度。能成为歌友会的核心成员主要有两方面的原因：一个是有某方面特长，比如歌唱得特别好、会某种乐器、字写得好等。另一个就是热心，愿意帮着组织活动，出谋划策，分担歌友会的某些事务。他们在日常的活动中慢慢被大家认可，逐渐就成为歌友会的核心。比如，歌友会的核心人物马老师并不是最初发起歌友会活动的成员之一，但是一方面她会拉手风琴，这正是歌友会活动非常需要的，另一方面她也非常热心和负责，几乎风雨无阻地参加每天的活动，如果有事情不能来，她一定会联系好其他伴奏者，保证活动能够进行。因此一段时间下来，她就被公认为歌友会的核心和负责人。同时，在长期活动过程中，社团的核心成员通过摸索也形成了简单的分工合作，比如负责领唱的、负责指挥的、负责伴奏的等。但是这种分工是在长期活动中自然形成的，而不是通过任命或选举的形式产生的。

3. 社团的边界是模糊的

龙华歌友会以核心成员为中心聚集了一定数量的积极分子，加上大批不断流动的参与者，构成了一个类似同心圆的网状结构。社团的核心是比较稳定、明确的，而边界却是模糊的。因为歌友会不存在任何加入和退出的门槛和程序，任何人都可以来，也可以随时离开，因此，假如说华阳路街道合唱队的成员身份是非常明确的，要么加入要么退出，那么龙华歌友会则没有一个可以界定社员身份的标准。

4. 社团活动的形式和类型比较简单，基本没有计划

歌友会主要活动就是每天唱歌，在唱歌过程中有时会有歌友即兴地表演其他的节目，而唱的歌曲除了特殊的节日纪念日外也都是随机抽取的。所以社团的活动自发性强、随意性强。

六、本章小结

综上所述，华阳路街道合唱队和龙华歌友会，虽然都是以中老年人为主体的以唱歌为主要活动内容的群众文娱社团，但是两者的差别是很明显的。

龙华歌友会是一个民间自发的、完全以娱己为行动目标的社团，社团的活动形式以日常娱乐性活动为主，活动所需要的资源非常少，经费以自愿缴纳会费的形式按月收取。社团是一个非常松散的、非正式的组织，没有任何进出的门槛，所以社团的边界是模糊的。社团没有上级管理部门，一切行动都是自发、自愿的，维系社团的原则是"合则聚不合则散"的情感原则，主要围绕几位核心成员展

开，所以受到核心成员的影响比较大，可能随着核心成员的变化而
发生比较大的变化，因此龙华歌友会是组织化程度很低、不稳定的
社团。

而华阳路街道合唱队是一个在街道办事处指导下成立、接受街
道相关部门管理的以表现性娱己为主要目标的社团。街道为社团提
供包括活动场地、师资、经费、展示平台等的各种资源，而社团则
以完成街道布置的各种演出、比赛任务为主要行动目标。华阳路街
道合唱队的活动形式和内容比较多样，有常规的训练活动、演出比
赛活动，也有学习、旅游等社交娱乐性活动，但整体上是以表现性
活动为核心展开、为表现性活动服务的。华阳路街道合唱队有着比
较正式的组织结构，其形态是垂直分层的。社团有指导其行动方向
和原则的成文的规章制度，内部形成比较正式的分工。因此华阳路
街道合唱队是一个组织化程度非常高的、比较稳定的社团。

本章附录

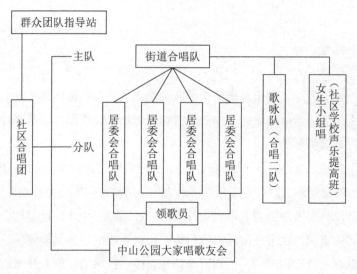

图 1　华阳社区合唱团的组织结构

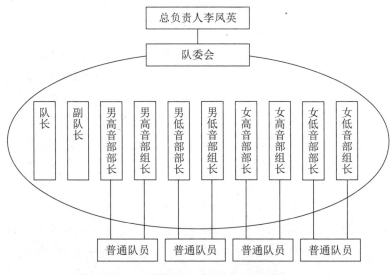

图2　华阳路街道合唱队的组织结构

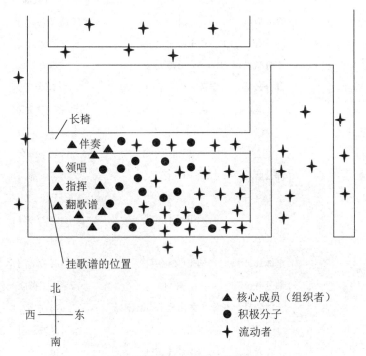

图3　龙华歌友会日常活动示意图

表1 2009年华阳路街道合唱队参加的活动

活动类别	次数	参加人数	场地	主办者
表演	32	全体队员	华阳文化中心	街道文化站
		1位	华阳文化中心	长宁区委组织部
		8位	上海城大酒店	街道有关部门
		部分队员	华阳文化中心	长宁区有关部门
		部分队员	华阳文化中心	长宁区服装集团公司
		部分队员	华阳文化中心	街道文化站
		全体队员	中山公园音乐广场	长宁区文化局
		全体队员	华阳文化中心	街道有关部门
		部分队员	华阳文化中心	长宁区有关部门
		7位	不详	上海电气燃气集团
		1位	华阳文化中心	街道有关部门
		7位	不详	长宁区有关部门
		全体成员	文化中心	街道有关部门
		23位	长宁区文化中心	长宁区文化局
		部分队员	上师大	不详
		部分队员	长宁区文化艺术中心剧场	不详
		10位	长宁区文化艺术中心剧场	上海市有关部门
		6位	华阳文化中心	街道有关部门
		1位	华阳文化中心	社区老年协会
		部分队员	华阳文化中心	街道有关部门
		3位	不详	长宁区工会
		6位	华阳文化中心	长宁区有关部门
		1位	不详	长宁区文化艺术中心
		全体成员	华阳文化中心	街道有关部门
		部分队员	不详	长宁区工商联
		全体队员	长宁区文化艺术中心剧场	长宁区有关部门
		12位	华阳文化中心	街道有关部门
		11位	华阳文化中心	消防大队

活动类别	次数	参加人数	场　地	主办者
表演	32	全体队员	长宁区文化艺术中心剧场	街道有关部门
		部分队员	中山公园音乐广场	长宁区有关部门
		57位	天山电影院	长宁区有关部门
		全体队员	华阳文化中心	社区党员服务中心
		全体队员	凯桥绿地广场	街道有关部门
学习	7	部分队员	长宁区图书馆	长宁区图书馆
		部分队员	贺绿汀音乐厅	街道文化站
		全体队员	东方艺术中心剧场	上海音协
		部分队员	东方艺术剧场	不详
		部分队员	长宁区文化艺术中心剧场	长宁区文化艺术中心
		30多位	艺海剧场	街道党工委
		部分队员	不详	华阳艺术团
比赛	5	全体队员	上海云峰剧场	上海音协、亲和源集团、东方文化艺术中心
		15位	华阳文化中心	街道有关部门
		全体队员	长宁区文化艺术中心剧场	长宁区有关部门
		10位	长宁区文化艺术中心剧场	上海市有关部门
		6位	区教育学院	长宁区有关部门
团队建设	2	全体队员	乌镇	街道有关部门
		18位	杭州屏风山疗养院	街道有关部门
总计	46次			

第四章

百草堂话剧社和都市原点话剧社

百草堂话剧社和都市原点话剧社的共同之处在于，两者都是以年轻人为主体的社团，并且活动的主要内容是话剧表演。不同之处在于百草堂是完全自发的民间社团而都市原点则是南京东路街道一手策划成立的。同样，我将先介绍两个社团的基本情况和简要历史，接着对两个社团的行动目标、组织结构和行动模式等进行比较和分析。

一、两个社团的基本情况和简要历史

（一）百草堂话剧社

百草堂剧社是上海民间一个主要由年轻白领组成的业余剧社。百草堂剧社的前身是圈网上一个叫 wedream 的圈子，剧社一位重要人物刘涛当时经常在 wedream 圈里组织各种活动，比如唱歌、交友等。而剧社社长老季当时是一名公务员，从小爱好文艺。老季参加了 wedream 圈组织的很多活动并结识了刘涛。为了进一步提高 wedream 圈的人气，老季向刘涛建议成立一个剧社，一来是因为个人的兴趣爱好，二来老季知道在大学里有很多人对剧社活动感兴趣，估计能吸引人气。于是 2006 年 5 月，wedream 剧社正式成立了，当时正式的成员大概有十来个人。剧社招人和活动的消息在网上发布后吸引了不少人，剧社第一次正式活动在刘涛联系的一家酒店的活动室进行。为了这次活动，老季专门写了一个小品《相亲》，通过圈网发布信息，找了 4 位自愿报名的网友，加上老季一共 5 个人表演这个小品。活动当天上午，这 5 人在一个公园里边商量边排练，最终排出了剧社的处女作品《相亲》。下午的活动中，这个临时排练而成的作品得到了前来参加活动的二三十位网友的肯定。当天的活动除了小品表演，还安排了许多其他节目，比如小游戏、生日会等。总之，剧社第一次正式活动比较圆满。

第一次活动的成功极大地鼓励了剧社的成员，之后不断有人加入剧社，剧社的人气大大提升。接下来的一段时间里，剧社几乎每周都有活动，主要由老季牵头组织。活动的场地大多是在位于南京东路上的唐韵茶坊包间里，参加的人数每次不等，一般都有十多个人，费用由参加的成员 AA 制分摊，活动的内容包括特长表演、才艺展示，比如朗诵等，还有现场抽题即兴表演等。在此期间，剧社其他一些重要的成员纷纷加入：副社长老未是 2006 年 12 月加入的，他第一次上圈网无意中发现了 wedream 剧社，就来参加剧社的活动。做了多年市场的老未感到"这是一个蛮单纯的剧社"。上海电影译制片厂的一位配音演员海帆也通过网络了解到 wedream 剧社，前来参加剧社的活动，给大家做了不少训练，并且排了剧社的第二个戏《魔椅》(这个剧本是网上下载的)。

2007 年三四月间，通过刘涛的介绍，剧社开始到人民广场附近的一家出租的舞蹈教室活动，这期间剧社另一位核心成员老赵在朋友的介绍下也加入了剧社。除了常规活动，剧社有时也组织去观摩话剧，演出提高对话剧的理解。在东场 ① 看戏的时候，老季、

---

① 注：东区戏剧工场是位于上海杨浦区大柏树的一个民间剧社活动的平台，简称东场。

老未等骨干结识了上海一些搞民间戏剧的人，比如唐璜、聂本杰、张弘等。剧社经常邀请聂本杰前来指导日常的活动，并且重排了《魔椅》。

8月左右，复旦大学的汉未央社团（社长老季曾参加过他们组织的汉服活动，一直保持着联络）在延安路一家酒店组织活动，邀请剧社出一个节目，于是剧社就在那次活动上演了聂本杰排的《魔椅》。此剧长约20分钟。

逾天参加wedream圈组织的一次烧烤活动，结识了wedream剧社的成员。通过逾天的介绍，导演司维也帮wedream剧社做一些常规的训练活动。由此，wedream剧社又接触了广州木棉剧团的民众戏剧，参加了他们的几次活动。后来，逾天也正式加入wedream剧社。

2007年夏天，原来在圈网的wedream圈子通过刘涛改投到OYA网，刘涛是运作OYA网的"上海隽唐文化传媒有限公司"的创办人之一。大家集思广益为剧社起新的名字，最后定名"百草堂"，取意为植根大众，来自草根，服务百姓。

2007年年中，人民广场的活动场地被房东收回，于是剧社又通过刘涛借浦东国际会议中心东方滨江大酒店的地下活动室。但是两三个月后，由于场地装修，剧社不得不再次另觅他处，转去远在杨浦的东场活动（免费的）。在此期间，剧社排了两个新的作品《炒股这点事》和《爱之小屋》。前者是聂本杰导的，而后者是为上海疾病控制中心提供的一个宣传关爱艾滋病人的戏《爱之小屋》。该剧原来是沪剧剧本，导演是司维，演员则基本上是百草堂剧社的成员。

之后百草堂剧社还请上海工人文化宫的导演顾攀为成员做话剧辅导，当时通过刘涛联系到静安区文化馆，借用他们的场地训练。顾攀在两三个月的时间里为剧社成员进行了无实物训练、小品表演等训练，大家获益匪浅。

2007 年 11 月，打浦桥街道文化中心搞活动，邀请百草堂剧社演出《爱之小屋》。百草堂剧社之前虽然也演过几个小品，但都是在剧社内部、圈网或者兄弟社团组织的活动中演出。公开演出这还是第一次。

在静安文化馆排《爱之小屋》的过程中，馆方主动提出可以安排一场公开演出，收取一定的费用，双方可以分成。于是 12 月 15 日晚上，百草堂剧社在静安文化馆演了《炒股这点事》和《爱之小屋》两个剧目。现场有大约 40 个观众，一部分是静安区文化馆组织的（文化馆旗下有专人组织白领交友活动，有一定的观众来源），其他的观众则是剧社自己通过各种渠道组织来的，主要的途径是在网上发布信息，比如剧社在 OYA 网的主页等。由于这次演出是要收取 30 元 / 人的费用，对于一个没有什么知名度的、非专业的白领剧社而言，已经是非常不容易的了。2007 年 12 月 28 日，剧社又在静安文化馆进行了年终汇报演出，除了《炒股那点事》和《爱之小屋》的演出外，还安排了互动游戏、神秘嘉宾、互赠小礼品等活动，最后演员还和观众一起进行了讨论交流。

2008 年年初六，刘涛要在 OYA 网上组织一次白领派对活动，让百草堂剧社演出一个作品。于是老未写了一个小品，后来定名为《不会笑的人》。

接着剧社尝试通过网络招募导演和演员排戏。剧社从网络上选择了《爱情疯人院》这个剧本并在 OYA 网上贴出了招募剧组的信息，招募导演、演员、灯光和音效。场地则由老未联系借用上海图书馆的一个报告厅。在接下来的半年时间里，这个剧组独立地进行排练，经过大半年，戏终于初步成形。非常可惜的是，这个戏虽然基本排出来了，但是由于主要演员的时间问题，一再地推迟，最终没有进行演出。

在《爱情疯人院》剧组排练的同时，剧社开展过几次招募新人的活动，场地是借用人和网上海办事处的办公室（在徐家汇附近的汇翠花园），由于新人活动一般要隔两个月才搞一次，而剧社的常规活动因为大家工作繁忙，加上没有活动场地，比较少开展。为了联络新老成员，重聚人气，剧社组织了卡拉OK等活动。正在剧社人气有些消沉的时候，社长老季接到了上海话剧艺术中心市场部梁新宇的电话，邀请百草堂剧社参加话剧中心于2008年11月30日举办的民间剧社展演活动——"一天世界"马拉松式展示工作坊。这个活动是上海国际当代戏剧季的板块之一，作为上海官方主流戏剧的代表，上海话剧艺术中心举办"一天世界"这个活动的目的是为了体现本土非职业剧社的生存状态和主张，为独立戏剧团体提供一个公开展示的舞台。"一天世界"的形式也比较新奇，从早上10点40分到晚上10点，11个民间剧社连轴表演，其间还穿插原创剧本朗读会、三人谈民间戏剧、现场互动交流等环节。能够在上海话剧艺术中心的舞台上演出，对于百草堂来说当然是一个非常好的展示、锻炼的机会。剧社在老未的带领下，集体创作出了《虚构与坏蛋》这个戏并成功地演出。

上海话剧中心在2008年"一天世界"活动获得成功的基础上，于2009年3月30日到4月5日又举行了"先行——2009青年创意戏剧节"。百草堂剧社再次获得演出的机会。从2009年春节前开始，剧社的骨干加上其间新加入的成员，包括新剧的导演和编剧，聚集在乍浦路街道文化中心的多功能厅（此时社长老季调至乍浦路街道办事处工作，由他联系了街道文化中心的场地），又一次通过集体创作的方式创作了《面具》这个作品，并于3月31日晚上在上海话剧艺术中心的D6空间、4月18日下午在卢湾区青少年活动中心演了两场，现场观众的反应相当不错。

"先行——2009青年创意戏剧节"的两场演出后的几个月时间里，剧社暂时没有什么演出任务，所以除了请东剧场的张弘和

Dramaing 艺术联合体的聂本杰作了 4 次工作坊外，周六的常规活动基本都停了下来。不过剧社开展了很多其他活动，如 K 歌、旅游、打球、读书活动等。

9 月份，乍浦街道邀请剧社代表街道参加 11 月 5 日举行的第六届"德律风杯"虹口区公民道德建设小品大赛，这项活动由虹口区文明办、虹口区文化局、虹口区地区办和虹口区妇联主办，由虹口区文化艺术馆承办。乍浦路街道要求剧社创作一个 15 分钟的有关道德建设题材的小品。老赵请社员 Renee 写了一个剧本《面试风波》。另外，上海话剧艺术中心的梁新宇和其他一些民间剧社积极分子为了加强沪上白领戏剧团体的交流与合作，策划成立了"青年创意戏剧联盟之白领剧团联盟"，决定每季度举办一次"风行"短剧展演，在各区巡回演出，所有剧团围绕共同主题进行创作。第一次展演的主题定为"都市症候群"，要求反映当下都市白领的生活状态，揭示年轻人面对的各种压力与困惑，力求寻求大家共同面临问题的解决办法。参加本次巡演的，除了百草堂剧社，还有千幻趣剧社、友缘剧社、地下铁白领话剧沙龙、都市原点剧社、星期六剧社和青年会话剧社共 7 个上海的民间业余剧社。首次巡演的时间地点是 11 月 28 日在静安文化馆以及 12 月 5 日在卢湾区青少年活动中心，百草堂前一次演了小品《面试风波》；后一次演了《寻找艾米莉》。"风行"的第二季巡演于 2010 年 3 月 20 日在打浦桥社区文化活动中心举行。百草堂演出了由老赵改编并导演的推理剧《老宅风波》。

（二）都市原点话剧社

1. 剧社成立的背景

2007 年，经上海市人民政府批准，原人民广场街道、南京东路街道和部分金陵东路街道合并成新的南京东路社区（街道）。①
原先街道办事处管理的主要对象是离退休干部职工和家庭妇女及少
量无业人员。但是随着市场经济的发展，出现了大量的非国有企业
和非事业单位（称为新经济组织和新社会组织，简称"两新"组
织），这成为社区管理及基层党建、团建的一个重大问题。在文化
领域，由于这些"两新"组织没有传统单位的上级主管部门，在当
时情况下不便用行政命令强行规定组建党组织和团组织，以将其重
新纳入政府和党的管理体系中。对于身处全中国最繁华城市的商业
中心的南京东路社区而言，这个问题尤其突出。

对此，南京东路社区（街道）的前身之一，原人民广场街道的
团工委书记施海燕想到通过"活动先行，组织渐进"的方法进行团
组织建设。为了接近、吸引社区里的白领青年，需要先开展年轻人
喜欢的活动。2006 年 3 月，施海燕找到从事户外拓展训练的朋友
一起设计了一次户外体验式派对活动。邀请的对象是原人民广场街
道的中区广场、仙乐斯广场、天安广场等楼宇内工作的单身青年，
活动费用自理但街道补贴少量经费。由于是第一次组织这样的活
动，施海燕对于报名情况心里完全没有底。当时她最大的资源是手
中掌握的一些商务楼宇中党支部、团支部干部的信息。她首先找到
这些人，动员他们参与。此外，施海燕自己设计宣传单、海报，到
一幢幢写字楼里发传单，动员白领青年参加。功夫不负有心人，在
3 月 21—28 日一周的报名时间里，施海燕成功地招募了 45 位来自
不同楼宇和公司的年轻人。虽然大家最初互不相识，但是通过组织
者精心安排的各种游戏和活动很快就打成了一片，活动获得了超乎
想象的成功。施海燕马上趁热打铁在网上创建了"海燕博客"，把
本次活动的照片、感想等发布在网上，同时，参加活动的白领在

---

① 注：《上海市黄浦区人民政府关于调整黄浦区部分街道行政区划的通告》（黄府
发〔2007〕7 号），2007 年 2 月 28 日。

QQ、MSN 上建起了群，通过网络这个平台保持交流和互动，一时间群里的人气很旺。大家都强烈地要求施海燕马上组织下一次活动。施海燕意识到，第一次活动虽然成功地聚集了一批年轻人，但是仅靠一次活动的凝聚效应是不能长期维系这些白领的。于是根据众人的意愿，施海燕在参加首次活动的白领的基础上成立了一个俱乐部，把这个在户外活动中临时形成的团队转变为一个稳定的长期的社团。海燕博客为沙龙征集名字，在施海燕的建议下，沙龙的名字确定为"M.Y Club"——"M"即摩登、"Y"即青春，"."寓意上海的原点，因为南京东路街道地处上海的中心。

2006 年 4 月，人民广场街道白领青年俱乐部（M.Y Club）成立。俱乐部成立后，施海燕组织了一系列的活动，比如由上海美术馆和古根海姆基金会举行的乔治·阿玛尼回顾展、在火车头体育馆进行羽毛球男女混双比赛、警民篮球争霸友谊赛、奉贤坤明湖度假村休闲海滩二日游等。通过这些活动，俱乐部吸引了越来越多的社区白领青年，到 2006 年底，M.Y Club 的会员人数已经从最初的几十个人增加到 405 人。2007 年 3 月，人民广场街道正式并入新成立的南京东路社区（街道），人民广场白领青年俱乐部也更名为南京东路社区青年白领俱乐部。俱乐部在施海燕的带领下继续开展各种各样吸引年轻人的活动，包括外出旅游活动、志愿公益活动、K 歌活动、学习活动等。在这些活动中，俱乐部逐渐形成九个子社团，包括"都市原点"话剧社、爱心公益社、文化沙龙、"Focus"舞蹈团、海豚驴友团、摄影俱乐部、"我为球狂"俱乐部、理论研读会和精音社。经过三年的发展，到 2009 年，俱乐部会员已经达到 2894 人。

2. 都市原点话剧社的成立和发展

2006 年 6 月，原人民广场社区决定于当年 10 月 22 日成立社区青年中心并举行揭牌仪式。按惯例，揭牌仪式过后会表演一些节目。为此，施海燕和俱乐部的骨干凑在一起商量，到底上什么样的节目。大家都希望节目有点新意，由于在之前俱乐部的活动中曾有过即兴表演的经历，有人提议是否可以演个话剧。于是俱乐部中的7位成员组成了临时的剧社，并选出了正副社长。施海燕联系到同济大学话剧社，希望与他们合作，得到他们的指导。但是由于种种原因，对方提供了一个英文的剧本（大学校园英语戏剧节的一个剧本）后，就再也没有联系了。社员只好尝试着自己来排，尽管这些白领很多供职于外企，英文水平不错，但是要演英文话剧，演员自己都不能保证完全理解剧本，更不用说让观众弄明白了。于是大家决定改成中文，可是如果直接翻译的话，就失去了原来的味道。于是在翻译的基础上大家又增加了很多时髦的内容和搞笑的元素。最后经过集体创作，在朱德庸漫画《粉红女郎》的基础上排出了一个10来分钟的小品。经过3个月的排练，终于在青年中心揭牌成立大会上上演。由于在节目单上要写剧社的名字，在演出前海燕催着大家为剧社想一个名字，经过讨论，剧社的名字定为"都市原点"，即身处上海城市中心的意思。这次演出得到前来参加活动的80余位社区白领青年的肯定。

首演结束后，施海燕和俱乐部决定把这个临时的剧组变成正式的剧社，她对剧社有了比较明确的想法和规划，就是向比较专业的方向靠拢，也定下来一年演出一部大戏。为此剧社通过海燕博客等途径招兵买马，征集剧本，到2007年，话剧社的社员发展到20多人。剧社虽然人数增加了，但是更重要的问题摆在了大家面前：通过《粉红女郎》，社员们深刻体会到演话剧可不是想象的那么容易、那么好玩。剧社大部分社员对编、导、演几乎没有概念，虽然第一次玩票性质的小品顺利演出，但是用这种方式排下一出戏肯定不行了。同时，从2006年10月底的首次演出后到2007年的年中，除了《粉红女郎》在"五四青年节"等活动场合又演过几次，剧社的常规活动也很少进行了，剧社应该如何发展下去？施海燕想到了上海戏剧领域最权威的高校——上海戏剧学院，她通过街道团工委的关系和上海戏剧学院的领导联系，表达了合作的愿望。上海戏剧学院副院长孙惠柱教授表示了很大的兴趣，带领几位社会表演学专业的研究生、学生会干部和施海燕及剧社骨干见面洽谈合作事宜。这次会面确定了南京东路街道都市原点话剧社和上海戏剧学院的合作关系，由上海戏剧学院的师生指导剧社的日常训练活动和大戏的排演。

上戏的师生加入后，社团开始酝酿下一部大戏。当时电视连续剧《奋斗》很受年轻人的欢迎，于是大家商定 2008 年的大戏以年轻人的奋斗为主题。从 2007 年 11 月开始经过 4 个月的集体创作、排练，一部名为《奋斗是金》的戏诞生了，这部戏长约 40 分钟，由古代和现代两个部分组成。2008 年 3 月 31 日在南京东路社区综合团委成立仪式上，《奋斗是金》上演了，地点是上海音乐厅。相比《粉红女郎》，《奋斗是金》的形式、内容和演员的表演都有了很大的进步。观看这次演出的不仅有社区里的青年团干部、俱乐部的骨干，施海燕还邀请了媒体采访，有平面媒体，如新民晚报，也有网络媒体，如解放网、东方网等，黄浦有线也进行了报道，有关报道被上视新闻采用，结果南京东路都市原点话剧社一夜之间影响力大增。一个最直接的结果就是 2008 年招收新社员时报名人数激增，不少社区以外的白领也纷纷要求报名参加。加上社长所在公司原有的内部剧社并入到都市原点话剧社，剧社的成员一下子多达 60 多人。

《奋斗是金》演出后，剧社休整了一段时间，开始准备 2009 年度的大戏。2009 年度大戏的主题是"爱情"，同时，由于 2010 年是世博会，按照惯例，这台大戏肯定要在社区的某项重要活动或仪式上演出，因此海燕也要求配合世博会的主题"科技与人文"。上戏研究生陈新煌和孙悦引进了"百字剧"的训练和创作方法，在平时的活动中通过"百字剧"工作坊的方式排了一些片断，同时，在他们的指导下，两位社员分别创作了一万多字的剧本，最后陈新煌把这些片段和在年轻人中很流行的开心网结合起来，完成了作品

《Open Heart 2010》。从 2009 年春节后开始正式进入到作品的排练阶段。经过两个多月的紧张排练后，5 月 1 日下午，在上海大剧院小剧场进行的"迎世博暨五四青年节"的活动上，《Open Heart 2010》正式演出了。

2009 年年初，上海话剧中心的梁新宇在筹办首届"先行"的时候，曾经邀请都市原点参加。但是当时剧社正在全力以赴地排《奋斗是金》，所以谢绝了梁新宇的邀请。到 2009 年下半年，梁新宇组织"风行"活动，再次邀请都市原点的加入，这一次剧社接受了。在近两个月的时间里，由老社员排任导演排出了短剧《面具·默》。全剧虚构了一个普通女白领在地铁上困极入睡，梦见自己做小偷一路躲避警察追捕的故事。在此过程中，两人窥见办公室同事们正襟危坐的日常面具后各自真实的一面。参加这两次演出的主要演员大多是 2009 年秋天刚刚入社的新社员。整个剧本都由参加演出的每组社员自己编写，随后在担任本剧导演的老社员张擎的指导下一遍遍边排边改，陈新煌则从旁加以指导。2009 年 11 月 28 日和 12 月 5 日，都市原点与上海其他 7 家非职业民间剧社相继参加了在静安文化馆和卢湾区青少年活动中心举行的"风行——都市戏剧社团短剧社区大展演活动"。都市原点剧社的表演得到了大家的一致好评，成为 7 个民间剧社中的一个亮点。

二、两个社团活动的资源

（一）百草堂话剧社

对百草堂而言，常规活动所需要的资源主要是活动的场地，如果要参加演出则需要场地、服装、道具等的费用。

1. 常规活动的场地

在相当长的一段时间里，场地一直是困扰百草堂的一个大问题。2006 年剧社成立后的第一次正式活动在刘涛联系的一家酒店的活动室进行。接下来一段时间，剧社活动大多在唐韵茶坊里进行，有些时候是包厢，有些时候就在大堂里。茶坊里人来人往，活动肯定受到影响。这个时期的剧社活动更像一个联谊活动，吃饭、聊天、打牌、游戏、才艺表演、即兴创作等。每次活动的费用都是AA 制分摊。

2007 年三四月间，通过刘涛的介绍，剧社开始到人民广场附近的一个舞蹈教室活动，相比茶坊，这里的活动环境要好很多，交通也方便，但没过多久活动场地就被房东收回。于是剧社又通过刘涛借浦东国际会议中心东方滨江大酒店的地下活动室，但是两三个月后，又因为场地装修，剧社不得不再次另觅他处，转去远在杨浦大柏树的东区戏剧工场活动。东场是上海民间戏剧主要的活动平台之一，对民间剧社的排练活动是免费的；不过对于大多数成员来讲，东场太远了。于是通过刘涛的介绍，又借用静安区文化馆和人和网上海办事处的办公室（在徐家汇汇翠花园里）进行活动排练。此外，2008 年剧社的《爱情疯人院》剧组需要排练场地，老未的一位亲戚在上海图书馆工作，通过这层关系，剧组在周末可以免费借用图书馆的一个会议室排练，作为条件，图书馆方面希望戏排好后能为他们演出一场，不过后来因为演员的时间问题，《爱情疯人院》并没有公演。

上述的这些场地除了东场和上图外，其余都是收费的，一般是150—200 元半天，费用由每次参加活动的人分担。不过这些场地的使用都是非常不稳定的，活动不了多久就由于各种原因而无法使用了。因此，从 2006 年剧社成立到 2008 年下半年，剧社一直没有稳定的活动场地，其间剧社有时还在茶坊之类的营业场所活动。一直到 2008 年 8 月，通过老季的关系，剧社联系到了新的活动场所——乍浦路街道文化活动中心，由于老季目前在乍浦路街道挂职锻炼，所以街道答应剧社可以在周末的某个半天免费使用活动中心二楼的多功能厅，这个场地面积大约六七十平方米，最大的优点是带一个小的舞台。作为交换条件，剧社被要求如果街道有演出任务的话，剧社就得为街道创作和演出。剧社经过商议后同意了，毕竟要找到一个免费的场地已经很不容易了。这样一来，剧社总算有了一个稳定的、免费的活动场地。

2. 演出的场地和费用

百草堂剧社迄今为止参加的公演中，一部分是在圈网或者其他兄弟社团组织的活动上友情演出，这些活动的场地都是由组织者安排的。剧社组织过一些内部的汇报演出，演出的费用由参加活动的人分摊。

剧社参加政府有关方面主办的活动或比赛，比如 2008 年 5月 15 日，在徐家汇街道文化中心举行的徐家汇白领文化艺术节，2008、2009 年参加上海话剧艺术中心举办的"一天世界""先行"，以及 2009 年虹口区公民道德建设小品比赛等活动，组织者一般都会付给社团一定的费用。

百草堂剧社排一个戏的成本也是不定的，由于业余民间剧社没有固定的经费来源，所以大多是走贫困戏剧的道路。以剧社参加2009 年 3 月上海话剧艺术中心举办的"先行"为例，剧社排《面具》这台戏一共花费了大约 800 元。

3. 社团的纳新活动以及各种社交娱乐活动的费用都是由参与者 AA 制分摊，一般都在每人 50—100 元之间（除旅游活动外），这是大家可以承受的范围。

（二）都市原点话剧社

都市原点剧社活动需要的主要资源是常规活动的场地和演出的

场地及相关费用。常规训练和排戏的场地都是由街道安排提供的，前期主要在云南北路的原人民广场街道办事处的会议室和江阴路社区青年活动中心活动，最近一般都在大沽路南京东路街道办事处的会议室活动。

剧社演出的场地都是由施海燕去联系的（除"风行"的演出之外）。在费用上，2008年的《奋斗是金》在上海音乐厅演出，正常的租金是1万元，由于上海音乐厅地处南京东路社区，和街道是共建单位，于是音乐厅方面给了一个比较大的折扣，这个费用加上一些宣传的费用都是由街道支付的。由于当时经济形势不错，施海燕还拉来了社区里几个单位的赞助，当然剧社也在戏中为它们做了小小的宣传。

2009年的《Open Heart 2010》由施海燕联系在上海大剧院演出，由于各单位都实行市场化运作，虽然上海大剧院和南京东路街道也是共建单位，但大剧院方面只能给街道一点小小的折扣，这个费用主要是由街道出的。此外，由于《Open Heart 2010》是在"迎世博暨五四青年节"的活动上演出，团区委也出了一定的费用。同时社区内还有几家公司给予了一定的赞助，如DHL公司（因为剧社中有很多成员包括社长在内是DHL公司的员工，DHL公司内部的剧社已经和都市原点合并了），另外，阳丽室内装饰有限公司赞助了部分道具，上海美术馆以赠送票子的形式赞助。这次演出加上场租总费用在2万元左右。

由于都市原点剧社的多次演出都是代表街道，又是在音乐厅和大剧院这样的场地演出，加上几台都是长达1个多小时有很多人参与的大戏，所以成本是比较高的。虽然场地、宣传等费用大多由街道及施海燕联系的赞助单位承担了，但是服装、道具等方面还是有不少开支。所以社员们要么自己动手解决，要么就通过个人的关系拉赞助找资源，比如在剧社排《Open Heart 2010》经费紧缺的情况下，社员周炎泽为剧社免费印刷了1 200张宣传页。

三、两个社团活动的形式和内容

（一）百草堂话剧社

1. 常规活动

这是比较固定的活动，主要目的是开展与表演有关的训练活动及排戏。剧社成立的前期，常规活动是比较频繁的，但后来常规活动的频率降低了。要排戏的时候活动比较密集，无戏可排的时候，常规活动较少，有时会中断个把月。

2. 纳新活动

是剧社招募新人的活动。其实通过剧社在网上的主页，以及MSN 群和 QQ 群，一直都有新人加入剧社。同时，现有社员也不断介绍自己的朋友、同事或者朋友的朋友来参加剧社活动。不过有时剧社会专门组织招纳新人的活动，这样做有几个原因：

首先，可以安排新老会员集中见面，增进新老成员之间的联系，让大家更快地融入社团。

其次，如果剧社要开排新戏，纳新活动可以达到集中招募并挑选演职人员的目的。

最后，组织纳新活动（一般在网上发布活动信息）可以达到宣传剧社的效果，吸引更多的人加入。剧社主要的活动平台是网络，前期主要在圈网，后期主要在 OYA 网，这些网站都是以组织各种活动来吸引年轻人，百草堂剧社的各种活动，包括纳新活动也是其中的一部分。网站通过各社团组织的各种活动达到扩大网站知名度、吸收新会员的目的，而组织活动费用的盈余也是网站或者活动组织者的收入来源之一。百草堂剧社发起人之一的刘涛原本就一直在圈网上组织活动，后来他参与的 OYA 网除了为各种社团提供免费的活动交流平台，同时还有 OYA 商城和 YOU 卡（一种联合打折卡，持有该卡后在合作商户里消费可以得到折扣）等营利性项目。剧社组织的新人活动也是刘涛发展 YOU 卡会员的好机会。

3. 演出

百草堂剧社迄今为止参加的公演中，一部分是在圈网或者兄弟社团组织的活动上友情演出，一些是剧社自己组织的汇报演出，还有一些是剧社参加的政府有关方面主办的活动或比赛。

4. 社交娱乐性活动

这类活动包括聚餐（基本上每次常规活动后都会聚餐）、娱乐活动（K 歌，看戏）、运动（打球、游泳）、读书活动、旅游等。

（二）都市原点话剧社

1. 常规活动

即进行表演训练、创作、排戏的活动。剧社成立初期，大家原来计划每周活动一次，后来发现不可行，一方面大家没有戏剧专业的知识，根本不知道如何训练，另一方面还有时间问题，要大多数社员保证每周一次的活动是很困难的。和上戏合作后，剧社最初希望两周能活动一次。后来发现仍然不能保证出勤，所以后来剧社不排戏的时候基本很少有常规训练活动。

2. 演出

基本上每年一台大戏，从成立到 2009 年，剧社一共排了 4 个戏，分别是 2006 年的《粉红女郎》、2008 年的《奋斗是金》、2009 年的《Open Heart 2010》和《面具·默》。第一部戏《粉红女郎》首次演出的地点是在原人民广场社区青年中心，之后这个戏又在街道和团委组织的其他活动中演过几次。《奋斗是金》演过 2 次，《Open Heart 2010》演过 1 次，《面具·默》演过 2 次。

3. 社交娱乐性活动

比如每次大戏公演后，剧社都会安排庆功活动，主要是聚餐外加诸如 K 歌、桌面游戏等活动。此外，剧社还组织社员观摩话剧《临时居所》《一纸摸满猪》等，剧社训练和彩排活动结束后，有部分社员会一起聚餐。有时社员自己也会组织一些娱乐活动。不过总的来说，都市原点剧社的社交娱乐性活动是不多的，特别是整个剧社发起的娱乐性活动很少。

四、比较两个社团的行动目标

从个体角度讲，参加这两个社团的年轻人的主要目的包括：

（1）对戏剧表演好奇。大部分成员其实对戏剧表演并不了解，也没有相关的背景和经验，纯粹是出于新鲜感而加入社团，希望能够增加对戏剧表演的了解，有机会玩玩票，还有些人 K 歌跳舞玩腻了，希望在话剧社里得到新的娱乐方式。这类成员占了大多数。

（2）希望扩大社交圈。参加这两个话剧社的成员当时基本都是未婚的年轻人，不少人希望通过参加社团增加结识异性的机会。在这两个剧社中也确实都有成员恋爱结婚的事情发生。

（3）希望提高表演的能力，获得表演的机会，这类成员有一定的戏剧表演的背景和经验，比如在大学里曾经参加过话剧社。不过在百草堂和都市原点中，这类成员并不多。

在个体的这些目标中，前两者是纯粹娱己的，而第三种成员则有表现性的目标。在百草堂剧社和都市原点剧社中，以娱己为目的的成员占了大多数。但是从社团整体来讲，百草堂和都市原点的行动目标却有很大的不同：

（一）百草堂话剧社——主要是娱己，但是其中有一定的表现性要求

1. 社团自己的定位

百草堂剧社对于自身的定位有形成文字的表述，这表达了剧社对于自身行动目标的认知或期望。在剧社的网页上有这样的介绍：

"剧社成立于 2006 年 5 月，一群网友，基于自娱自乐的精神，成立的民间话剧团体。"

"2007 年夏天，与 OYA 网合并，为剧社起了新的名字百草堂，取意为植根于大众，来自于草根，服务于百姓。"

"本剧社暂分娱乐组与半专业组。娱乐组：体验戏剧，感受生活。重在参与，加入随意，退社自由。半专业组：在娱乐的同时，向专业的道路上前进。"

从剧社对自身行动目标的表述，可以看出其行动取向是在慢慢变化的。假如说，最初剧社的成立完全是以娱己为目标，用社长老季的话讲就是"任何人，哪怕对话剧一无所知，只要你愿意都可以参加百草堂，过一把演戏的瘾"。经过几年的发展，社团成员需求在不断地演变和分化，导致社团的行动目标发生了变化。社团最初的发起人之一刘涛曾这样评价："百草堂剧社一直以来有两个趋势并存，一个是占了绝大多数的不断来来去去的参加者，另一个是越来越固定的、集中于十来个人的核心小圈子。"能坚持参加剧社活动的是这个小圈子里的人，剧社的演出也基本由这些人承担。这些核心成员在经过一段时间的娱己性活动后，开始产生了更高的期望，即希望社团向更专业化的方向发展，所谓的专业化并不是指这些成员希望以话剧为职业，而是指社团能够排更多的戏，有更多的表演机会，当然也希望在话剧表演的水平得到提升。

2. 从剧社的活动看其行动目标

从 2009 年百草堂剧社全年组织的各种活动中（见表 1），我们可以发现，百草堂剧社当年的活动以演出为核心实际上可以分成三个阶段：

第一个阶段是从 1 月到 4 月，这个时期由于要参加话剧中心"先行"的演出，剧社开始集合起来排作品。

第二个阶段是从 5 月到 9 月，这个时期，由于没有演出，常规活动变得不规律，数量也大大减少，取而代之的是各种社交娱乐性活动。这是社团在没有演出、无戏可排的情况下保持社团凝聚力的一种手段。

第三个阶段是从 10 月到 12 月，这个时期，剧社得到了 3 个演出机会，因此重新把人员集结起来，以排戏为主要内容的常规活动大大增加了。

因此，百草堂剧社目前的活动是以演出为中心的，常规活动基本上是为了演出而排戏，所以其行动目标具有一定的表现性成分。不过百草堂除了参加演出和排戏，还有大量的娱己性活动，除了临近演出赶排作品外，常规活动本身也是比较松散的。比如，虽然剧社把常规活动的时间定为下午 1 点到 5 点，不过几乎每次 2 点才会有人到场，而且一般先是天南海北地胡聊一通，到 3 点左右才开始做一些训练或者排戏。有时候来的人比较少，干脆就不训练不排戏了。所以剧社活动主要还是以娱己为主要目的。

（二）都市原点话剧社——主要是表现性娱己，其行动目标受到街道的影响

分析都市原点剧社的行动目标，必须先了解剧社的发起人，南京东路街道团工委书记施海燕是在什么样的情况下、出于什么样的动机，成立 M.Y 白领俱乐部及其下属的各个子社团的。正如在本节一开始就介绍的，施海燕的身份是基层的政工干部，其基本职责

之一是在基层推进团组织的建设和各项团工作。她另辟蹊径，通过娱乐性活动开展工作。没想到这种方式获得了极大的成功，传统的党团工作通过灌输教育式的方法有时收效不佳，通过娱乐性活动反而有效地吸引并凝聚了一大批年轻人，而一旦得到白领的认可后，施海燕推行的诸如"迎世博志愿者行动""学习十七大网上大讨论"等宣教性活动也得到了他们的热烈响应和积极参与。这让施海燕认识到，娱乐性活动可以成为政治工作重要而有效的手段，因此在M.Y俱乐部成立后，施海燕继续组织了各种各样受白领欢迎的文化娱乐活动。大多数子社团都是在开展娱乐性活动的过程中建立起来的。

但是都市原点剧社却有所不同，剧社成立是源于一次表演任务。因此和百草堂剧社为了娱己而自发成立不同，从某种意义上讲都市原点是为了完成某个任务，即为"表现"而奉命成立的。从2008年3月1日《奋斗是金》演出后到2009年5月1日《Open Heart 2010》演出前剧社的活动情况（见表2）中可以看出，与百草堂剧社一样，都市原点剧社的活动也是以表演为中心而展开的，几乎所有的常规训练活动都是为了排戏，而且训练活动的频率也是越临近演出越密集。大家可以克服各种困难，甚至加班加点地排戏，一旦演出结束，训练活动就大大减少，有时甚至会停上两个月。在没有演出的时候，社团也会安排一些娱乐性活动，比如K歌、桌游、看话剧等来维持剧社的人气，保持基本的联系。但总的来说，与百草堂相比，都市原点的娱乐性活动并不是很多，很多时候是社员自己通过MSN群呼朋引伴开展小规模的活动。

当然，都市原点剧社并不是一个完全以完成街道任务为行动目标的社团，这一方面是由于施海燕并没有把社团当作自己工作的一个工具，虽然通过社团化的方式推进团组织建设、开展团工作是她的一个重要目的，但是为白领提供一个娱乐活动的平台也是另一个重要目的，而且这两者有时是统一的，娱乐性活动既是工作手段也是工作目的。另外施海燕并没有给社团太多的演出任务，基本上每年一个大戏。而且施海燕工作繁忙，光是 M.Y 俱乐部的子社团就有 9 个，不可能对每个社团投入很多的时间精力，因此她极力主张各社团组织完全走向自主运作的模式。在剧社成立的第一年排《粉红女郎》时，施海燕几乎每次活动都参加，之后随着社团逐渐发展起来，她也慢慢退出了社团的日常运作，这就给社团留下了很大的自主活动空间，因此社团可以更多地按照自己的意愿行动，比如参加梁新宇组织的"风行"就是一个例子。不过总体而言，由于都市原点剧社的成员大多是供职于南京东路商务楼宇中各大公司的白领，工作繁忙，参加剧社大多是为了娱己，对于剧社未来的发展并没有太多的考量。剧社一直以来都在施海燕的带领下发展，用副社长王方圆的话讲，"海燕是个非常有想法的人，她对于未来很有规划，并且总是能够达到目标，而我们自己对于未来并没有想太多，反正顺其自然吧，相信海燕一定会做好安排的"！这种想法在剧社成员中是很有代表性的。

五、不同的社团模式

（一）百草堂话剧社的社团模式

1. 百草堂是一个非正式的社团，社团的内部呈现网状结构

网状结构的基本特点是社团中没有明显的等级差别，尽管成员的职责或分工有所不同。垂直结构往往有一个权力的顶点，而处于高低不同的级别意味着拥有高低不同的权力，高级别的成员往往能决定或影响低级别成员的行动。但在网状的结构中，没有顶点只有

中点或交叉点，中点和交叉点不代表权力的大小，而是代表信息和资源流动路线的交集，集合越多的资源通道就越重要。社团中资源的流动和信息的传递是以横向为主；社团的活动通常不是通过上级给下级命令，而是主要成员通过协商达成共识后共同采取行动，并且按照自愿的原则分担职责。

百草堂剧社的成员也可以分成三种：

（1）**核心成员**：比如刘涛为剧社联系了很多的场地，前期也为剧社联系了很多演出的机会（徐家汇白领文化艺术节等），社长老季是社团目前使用的场地乍浦路街道文化活动中心的联系者等。

（2）**积极分子**：积极的参与者是那些经常参加剧社活动的社员，大多数积极分子都参加过剧社作品的创作和演出。

（3）**流动的参与者**：流动的参加者指不经常或偶尔参加剧社活动的成员，也指参加一段时间活动后又退出的成员。

百草堂剧社的组织结构是一个以核心成员为中心，逐渐扩散出去的同心圆式的结构（见图1）。由于社团没有进出的门槛，所以边界是模糊的。虽然社团成员可以分成核心成员、积极分子和流动的成员，但是这种分别不代表等级的高低。在社团内部主要依靠成员之间的横向的关系联系起来。由于社员和社员之间的关系是相互交错的，从而形成网络状的组织结构。这和社团吸收成员的模式有关，百草堂发展成员的基本模式主要是在网上发布信息，或者通过朋友介绍朋友的形式，所以总体上就是A介绍了B，B又介绍了C，通过B，A和C之间又建立了新的联系这样一种方式。剧社正是通过个人之间的横向关系而组合在一起的。由于没有一个可以提供各种资源的核心人物或者上级管理部门，所以剧社生存所需要的资源主要来源于成员的个人社会网络。因此，我们可以看出，百草堂剧社的核心成员都是能给社团带来资源的人，反过来说，也正是那些能够为社团提供诸如场地、经费、演出机会等重要资源的人才能够成为社团的核心。

2. 社团的活动没有计划性，各种活动都没有固定的模式，内部分工也不是非常明晰而确定

百草堂剧社有时很长一段时间没有演出，有时会同时接到几个演出任务，而接到演出任务后往往谁有空谁上。总之社团活动计划性较少，即兴的成分较多。成员之间在长期活动中形成了一定的分工，比如：

- 剧社社长老季，对外是百草堂剧社的代表，一般负责对外的开会联络等工作；
- 副社长老未，主要负责社团内部的日常活动和排戏；
- 刘涛，经常帮助社团联系场地，或者联系演出活动的机会；
- 老赵，主要负责剧社招人，和社员之间的联络工作；
- 逾天，是剧社网站和 QQ 群的管理员。

虽然如此，但是这种分工不是固定的、制度化的。从老赵写的关于剧社参加 2008 年徐家汇白领文化艺术节活动的博文中，可以看到百草堂剧社活动的大致模式：

> 这次公演是在 5 月 15 日周四。我们得到通知的时候，已经是劳动节前夕了。当时刘涛、老未，古晶今和我四人一合计，时间非常紧迫。但既然已经被排入日程，就是拼了老命也得上了。我们曾经一度考虑过借助其他兄弟剧社的资源来帮我们救场，但是无果而返，看来只能靠我们自己了。但只剩下两周的时间，也就是说，这两个星期时间，不可能每天都排练。就算一周两次的话，也只有四次……这么紧迫的时间，排新剧已经是不可能了，所以，只能把我们一些老的但比较成功的剧拉出来救场。我们近期比较成功的剧目只有三个：《炒股那点事》《爱之小屋》《不会笑的人》。其中，《炒股》中

的三个主要演员，有两个近期非常繁忙，无法正常排练，只好取消。《不会笑的人》是最近刚演过的一个剧，诗人古晶今是主角，他一联系他们剧组其他成员，基本没问题，好！那就有一个了。剩下的我们那个《爱之小屋》，我也联系了剧组成员，问了一圈下来，几位演员，特别是两位主角逾天和雨点，虽然很忙，但他们也一口承应下来了，当时我们终于松了口气。

事不宜迟，我回去后马上列了份排练计划，并让刘涛联系好场地。说实话，本来这些事应该是剧社的副社长老未干的，但他最近也忙，只好我暂时代劳了。我成了两个剧组的临时负责人，既要管进度，又要管质量。眼看着公演日期已近，压力还真有点大的。而最要命的是，当时两个剧组一共十多个演员，几乎每次排练都无法到齐，特别是每个剧组都有两位新演员，这的确是非常麻烦的事。当时我尽量选了大家都可能到场的四天作为排练日。但毕竟人多，众口难调，每次排练，仍然不能确保全部成员都能到场。可我们已经没有退路了，所以就采取了演员不到，由其他演员暂替走台的办法。因为台词大家都比较熟悉，无须再特别排练；最关键的是走台。在有两位新演员的情况下，走台排练是必需的。

等到公演那天，《不会笑的人》好歹已经经过精排，问题不大，而《爱之小屋》的四次排练，没有一次是人员到齐的。于是，到开演前一小时，在演员终于到齐的情况下，大家在后台抓紧又走了一遍，便准备上阵了。结果，老天保佑，那天大家发挥不错，虽然两个剧在演出中都出现过一些小小的纰漏，但演员沉着冷静，应付过去了，没被观众看出破绽。演出顺利结束，大家那颗悬挂着的心终于放了下来。在这次的公演中，每一位演员都是救剧社于危难的英雄。我由衷地感谢他们的敬业精神和责任心。

（二）都市原点话剧社的社团模式

1. 社团的组织结构具有双重性

作为南京东路街道 M.Y 白领俱乐部的一个子社团，它是和整个俱乐部及街道紧密联系的。就整体而言，社团和街道的关系还是一个垂直的、分层的等级结构（见图 2）。都市原点话剧虽然号称民间社团，但同时也是南京东路街道旗下的社团。社团就是街道有关部门一手策划成立的，之后的各种活动都是在街道有关部门的指导和管理之下开展的，同时代表街道参加了各种活动，所以街道和剧社的关系实质上是上下级关系、管理和被管理的关系。

但是在社团内部，则具有双重的特征。一方面，剧社有明确的、分工不同的领导者。都市原点剧社设有社长、副社长、秘书，他们主要负责社团日常的管理事务，比如安排活动的时间、活动前发通知给各个社员、统计出席活动的人数、社团活动各种资料的整理积累、代表社团接受媒体的采访、参加一些评选活动等。这些领导者的产生和确定与街道、与施海燕有很大的关系。虽然施海燕的目标是让 M.Y 俱乐部的各个子社团自我运行，但这种自我运行肯定是在街道的管理和控制之下。为了便于管理，需要社团有明确、稳定的负责人或者核心。比如，在确定每年大戏的主题时，一般都是由施海燕和剧社的正副社长等骨干开会讨论决定。而 2008 年，施海燕让都市原点剧社参加共青团上海市委"上海市青年中心优秀项目的评选活动"，为了这个评选需要在评审专家面前做一个 15 分钟的演示。于是社长唐宁和副社长王方圆担负起这项工作，由王方圆做 PPT，唐宁做介绍，最终获得了第二名的好成绩。假如剧社没有一个稳定明确的骨干，施海燕面对一群不断变化流动的成员是很难进行管理和沟通的，所以施海燕需要强有力的社团骨干，因此 2009 年 9 月她组织了"社团领袖集训营"，目的就是培养社团骨干的领导管理能力，俱乐部九大子社团的 15 位社长参加了这次活动。

因此，都市原点的核心人员并不完全是自发形成的，而且核心人员既要得到社团内部成员的认可，也要得到上级管理部门的认可，而得到上级部门的认可反过来也强化了负责人的地位、明确了他的职责。

另一方面，都市原点剧社内部并不是等级分明、上面分派任务下面执行任务的活动模式。社团的活动，不管是创作还是演出，走的是集体创作的方式。在排第一个戏《粉红女郎》的时候，剧社只有 7 个人，大家都没有任何戏剧知识和经验，所以只好群策群力、各显所能。比如，由于社员担心自己台词方面太差，所以决定把整个戏事先录好音，在正式演出的时候，演员在台上只要对口型做动作就行了。由于副社长王方圆是在广告公司做的，因此大家让她来做音效编辑。其实王方圆对于音效完全是外行，无奈之下只好自己到网上下载了 cooledit 等音频编辑软件，赶鸭子上架地用了好几个晚上研究如何操作。

2008 年排《奋斗是金》的时候，社员先各自就"奋斗"这个主题创作一些剧本。一位叫秦韵的社员写了关于战国时代苏秦的一个小小的戏。同时，大家通过集体头脑风暴的方式，讲述了很多关于职场奋斗的经历、体验和故事。这成为剧本素材的重要来源。最后把古代部分故事和现代部分的故事整合起来就成了一台戏。此外，演出的服装、道具、音效和 PPT 的制作都由社员们自己承担。

2009 年度的大戏《Open Heart 2009》虽然以上戏研究生陈新煌为创作核心，但是在这个过程中，集体创作仍是重要的方式。比如，剧本就是在两位社员写的两个小剧本《爱情布捞格》和《洛小叶—林安》的基础上整合而成的。而负责服装、道具和音效的也都是社团的成员，因此都市原点剧社内部更接近网状结构。

2. 社团有比较确定的运行方式，有比较明确的边界

都市原点剧社的运行方式是比较确定的，首先剧社有一个比较明确的目的，基本上每年排一个大戏，而且演出也基本可以落实。

所以每年的活动都可以按照"确定大戏主题—收集素材创作剧本—选择演员开始排练—演出"这个基本的程序展开,剧社临时性的活动比较少。

其次,剧社的日常管理也有相应的规定。比如每次活动前一周,社长唐宁或秘书煊煊会发邮件通知活动的时间地点和内容,如果会参加的就回复邮件,便于统计可能出席的人数。每次活动都会统计出勤情况,而活动结束后社长唐宁经常会简单总结活动情况,并通过邮件发给每个社员,保持社团内部的信息沟通。

都市原点剧社对于社员的加入和退出有一定的规定,这使社团的边界变得清晰起来。社团规定,现在新人在加入剧社时都要经过一定的考核。2009年招收新人时,要求每个新人准备一个小节目当众表演,剧社的骨干和老成员及上戏的青年教师卢秋燕、研究生陈新煌和孙悦等坐在下面,新人一个一个轮流上去面对大家做自我介绍、展示才艺,最后由卢秋燕进行点评。虽然最终社长宣布所有参加活动的新人都顺利通过才艺表演,意味着所谓考核不过是一个形式,但这种形式还是体现了考察者和被考察者、选择者和被选择者存在的差别。另外,从2009年初起,社团根据成员的出勤情况,开始定期地清退流动的成员。这是当时的社长发给每个社员的邮件:

> 鉴于2008年的社员出席情况,我们在2009年对社规做一相应的调整,凡是在2008年参加活动少于三次,并在2009年活动中累计缺席三次的社员,我们将视为自动退出剧社处理。谢谢大家的理解和配合。

作为一个民间社团,都市原点不可能为自己设置过高的门槛,也不可能对成员提太高的要求。但是由于这些措施,社团有一个比较清楚的范围。因此,都市原点剧社的成员资格是明确的,人数是确定的,相比之下,百草堂剧社却无法统计清楚到底有多少社员,也说不清楚到底谁是社员或者谁不是社员。

六、本章小结

综上所述，百草堂话剧社和都市原点话剧社都是以年轻人为主体的话剧表演社团。两者有不少相似之处，但是差别也是明显的：

百草堂剧社是一个完全自发的、非正式的民间组织。剧社成立最初的行动目标是纯粹的娱己，但是之后逐渐开始转向更多的表现性活动，剧社核心圈子更倾向于表现性的活动，而大多数流动的参与者只对纯粹娱己性活动感兴趣。比如剧社有一个很有趣的现象，有相当部分的成员很少参加剧社的排练演出活动，但是每次剧社组织社交娱乐活动倒是很积极地参与，这种具有不同行动目标的成员同时存在并各取所需是百草堂话剧社的一个特点。这也是社团生存的现实造成的，作为一个草根民间剧社，其娱己的一面可以吸引更多的人来参加。同时，剧社成员都是白领，有正常的工作和其他事务，如果要增加表演活动就会占据大家更多的时间和精力，这暂时还有相当的难度。另外，剧社缺少一个比较权威的核心也是一个原因，因为没有人能够为剧社设置一个比较周全的、可实施的活动计划和安排，没有人能够有计划有目的地带领剧社朝着表现的目标前进。不过在社团的运行中，由于一部分社员对于表现的追求已经使社团无形中形成了一个核心小圈子，这些更倾向于以表现为行动目标的成员是社团活动的主要参与者、社团最重要的维系者，主导着社团的行动和发展，所以导致剧社的表现性活动在慢慢增加。从2009年社团的活动内容和数量上看，百草堂剧社表现性活动（演出及训练排戏）的数量和娱己性活动（几乎每次训练活动后都聚餐）基本各占一半。但是由于社团没有高度地组织化，因此社团的演出和排戏还是以临时和即兴的方式为主，没有固定的常规训练活动，对于社团将来的走向也没有达成一致的意见。总的来说，百草堂在这个时候还是一个以娱己为主要行动目标、但已有一定表现性成分的社团。

　　而都市原点剧社是一个由政府相关部门策划成立、受街道领导和管理的民间社团。社团的组织结构兼有垂直和网状的双重特征。一方面，南京东路街道和社团实际上是上下级的关系，社团的主要演出活动和资源都是街道提供的。虽然社团没有制定成文的规章制度，但是在施海燕的带领下，社团的管理、分工和活动安排等都是比较明确而有序的。另一方面，社团内部具有网状结构的特点，社员之间的横向交流也比较多，虽然剧社有核心成员，但是在创作和演出方面，更多地以集体参与的方式进行，这和华阳路街道合唱队几乎完全由负责人和骨干决定、上传下达是不同的。社团的活动形式包括常规训练活动、演出和社交娱乐活动几种，但是以演出为中心展开，活动频率呈现周期性变化。都市原点剧社总体上是一个表现性娱己的社团，但是和华阳路街道合唱队相比，其表现性并不那么强烈，主要因为南京东路街道给予剧社的压力比较少，也没有完全把剧社当作配合街道工作的重要工具，因此剧社有相当的自主空间，最明显的证据就是都市原点剧社参加的演出比赛等活动远远少于华阳路街道合唱队。

本章附录

图 1 的说明

　　首先必须申明，图 1 描述的是从 2008 年我正式加入剧社到 2009 年底为止剧社的状况，我尽自己最大所能地收集资料，并基于我所见、所闻、所经历的情况加以理解和判断，但这不可回避地带有两个缺陷：

　　第一，肯定会有我尚未了解到的情况存在。由于百草堂剧社主要基于网络这个平台招募成员、组织活动、互动交流，因此很多成员以网名参加剧社活动，很多人至今我还不知道他们真实的姓名。一般情况下，剧社的成员都不会把个人经历、背景、工作状况等信息详细地透露给别人，只有经常参加剧社活动、成为剧社的积极分

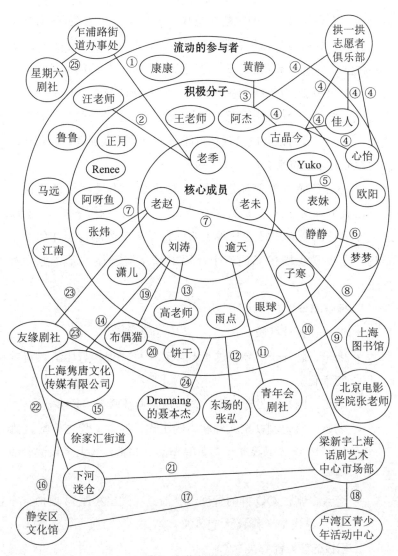

图 1　百草堂剧社的结构

子之后，有时候在活动或相互交谈中才会提到一些个人的情况。因此，对于成员相互之间的私人关系，成员各自的社会背景和社会资源，我了解的是非常有限的。

第二，我的分析判断必然带有主观性。比如对于核心成员、积极分子、流动的参与者的判断只是基于我在这一年的时间里看到听到的情况，其实百草堂剧社于2006年成立至今，参加过剧社组织的各种活动的至少有几百个人，但是比较稳定、核心的成员大概一直保持在20人以内。有一些在初期非常活跃的成员，现在已经不再出现，或者很少露面了。所以核心成员、积极分子的身份是在不断变化的，从前的核心成员现在可能只是流动的参加者，而现在的流动参加者可能将来会成为社团的核心成员。

但是不管成员如何流动，剧社的基本结构具有相当的稳定性。而我的研究目的就是力图在自己已经掌握的资料的基础上，通过描述社团及其成员的各种关系和行动来反映剧社运作的基本结构。这也是我描述其他三个社团的结构时遵循的基本原则和方法。

1. **核心成员**

- 老季，剧社社长。
- 老未，副社长。导演过《不会笑的人》《虚构与坏蛋》《寻找艾米莉》。
- 刘涛，剧社的发起人之一，前期帮剧社联系了很多资源。
- 老赵，负责剧社招人和联络的工作，演过《爱之小屋》《虚构与坏蛋》《寻找艾米莉》等作品，并担任《大宅风波》的导演。
- 逾天，剧社QQ群的管理员。演过《爱之小屋》《虚构与坏蛋》《寻找艾米莉》《大宅风波》等。

2. **积极的参与者**

- 眼球，2007年年底加入剧社。演过《不会笑的人》《虚构与坏蛋》《面具》《面试风波》《寻找艾米莉》《大宅风波》等。
- 静静，参加上海电视台"大城小事"的拍摄时认识了老赵，2008年10月通过老赵的介绍加入了社团，参加《虚构与坏蛋》的演出。

- 阿呀鱼，2007 年下半年参加剧社组织的新人活动后加入剧社，并演了《虚构与坏蛋》《面具》《面试风波》《寻找艾米莉》《大宅风波》等。

- 张炜，参加上海电视台"大城小事"的拍摄时认识老赵而加入社团。演过《虚构与坏蛋》和《面具》。

- 潇儿，演过《虚构与坏蛋》。

- Yuko，上戏艺术管理专业毕业，算是剧社目前唯一有戏剧背景的成员（除我之外）。2008 年底加入剧社，是《面具》的导演。

- 古晶今，剧社最早的成员之一。演过《虚构与坏蛋》《面具》《大宅风波》等。

- Renee，2008 年 9 月加入剧社，是《面试风波》的编剧和导演。

- 高老师，刘涛的室友，参与《寻找艾米莉》的创作。

- 子寒，剧社早期核心成员之一，女儿参加过《虚构与坏蛋》的演出。

- 阿杰，经常给剧社演出拍照摄像。

- 王老师，剧社年纪最大的成员，组织过剧社的农家乐活动。

- 雨点，演过《大宅风波》等。

- 正月，比较早期的成员。最近经常参加剧社的旅游聚餐活动。

3. 剧社成员之间的横向关系（下列每项说明前的编号对应图 1 中线条的编号）

① 乍浦路街道是老季目前工作的单位。通过老季的关系，剧社可以每周六下午在街道文化活动中心的排练厅免费活动，同时，剧社代表街道参加过演出活动。

② 汪老师是老季的女朋友。老季有时会带她来参加剧社的活

动或者聚餐。

③ 黄静是阿杰的女朋友，有时会来参加剧社的活动。

④ 阿杰、古晶今、佳人、心怡都是社会义工组织"拱一拱志愿者俱乐部"的成员。百草堂剧社在拍《面具》的时候，请"拱一拱"的成员过来提意见。后来戏里需要几位伴舞的女孩子，古晶今就从"拱一拱"带来佳人和心怡。

⑤ 表妹是 Yuko 父亲单位同事的女儿，由 Yuko 介绍进剧社。

⑥ 梦梦是静静的同事，偶尔来剧社活动。

⑦ 张炜和静静是老赵参加上海电视台"大城小事"拍摄时认识的朋友，通过老赵的介绍加入社团。

⑧ 剧社排《爱情疯人院》的时候，通过老未联系上海图书馆的场地（老未的一个亲戚在上图工作），免费使用场地排练。

⑨ 子寒是百草堂剧社最早的骨干之一，不过目前不常来参加剧社活动。子寒的公司因业务需要（好像是旅游房地产行业）请来了北京电影学院美术系的张老师。于是子寒顺带请张老师参加了一次剧社的活动，请张老师指点指点。

⑩ 通过上海话剧艺术中心梁新宇牵头组织的"一天世界"和"先行——青年创意戏剧节"活动，上海的一些民间剧社获得相互交流的机会，也获得活动平台和资源。

⑪ 逾天是青年会剧社的成员，因为参加圈网组织的活动和百草堂剧社相识，通过逾天，青年会剧社和百草堂剧社进行了不少互动交流，后来逾天加入百草堂剧社，并担任剧社网站和 QQ 群的管理员。

⑫ 东场（东区戏剧工场）是位于大柏树的一个上海民间戏剧活动的地方，但目前已经被拆了，张弘是创建者之一。剧社的老季、老未等骨干在东场看戏的时候结识了张弘。百草堂剧社曾一度在东场活动，因为是免费的。张弘也曾到

剧社来给大家进行过训练。

⑬ 高老师是刘涛的室友，他们租的公寓有一个 20 多平方米的客厅。有时候剧社活动恰逢节假日，或者安排在平时的晚上，不能用乍浦路街道的场地，剧社就到高老师的公寓客厅里活动。

⑭ 剧社挂靠的 OYA 网就是刘涛参与成立的上海隽唐文化传媒有限公司的业务之一，所以刘涛和百草堂剧社存在公私双重的合作关系。

⑮ 上海隽唐文化传媒有限公司的一个重要业务是协助政府有关部门开展文化活动，比如公司和徐汇区文化局及徐家汇街道合作举办了"2008 徐家汇白领文化艺术节"，艺术节中安排了白领话剧社的演出，百草堂剧社演了《不会笑的人》和《爱之小屋》两个短剧。

⑯ 剧社通过刘涛的关系曾经借用静安区文化馆的场地排练，并且演出了《炒股这点事》和《爱之小屋》两个剧目。

⑰ 2009 年"风行"白领戏剧社团短剧的首次展演就安排在静安区文化馆。这次活动的发起人是梁新宇，他一向对民间剧社非常感兴趣。2008 年和 2009 年，他两次参与组织民间剧社展演活动。2009 年，结识静安区文化馆王晓怡，探讨上海民间剧社的状况和未来发展。其实静安区文化馆下面就有一个白领社团"静安小谷"，这个社团原本是一些热衷于民间戏剧的青年自发成立的，后来就挂在静安区文化馆的名下，基本上是独立的运作，不过静安区文化馆也有意向将来把这个剧社真正整合进来。于是梁新宇和王晓怡决定定期组织民间剧社巡演，首次演出的场地就定在静安区文化馆。

⑱ 2009 年梁新宇搞"先行"的时候，正好卢湾区要搞"青年戏剧进卢湾"的活动，于是参加"先行"的几个民间剧

社又到卢湾区青少年活动中心演了一次。后来梁新宇组织
"风行"巡演活动，卢湾区青少年活动中心也是演出场地
之一。

⑲ 布偶猫是《面具》的执笔编剧，是通过刘涛的关系介绍来
剧社的。布偶猫根据大家的集体构思写剧本，但是因为一
再改动而闹情绪，中途退出了剧社。在《面具》首演那天，
布偶猫还是前来观看了演出，认为大家演得很好。之后虽
然在 QQ 群上有时会群聊几句，不过再也没有参加过剧社
的活动。

⑳ 饼干是布偶猫的朋友，原先在《面具》中担任主要角色，
后来因为布偶猫的退出及自己工作的关系中途退出，从此
不再参加剧社的任何活动。

㉑ 下河迷仓是上海最知名的民间戏剧、地下戏剧的活动场所。
2008 年"先行"活动的急速创作板块安排在下河迷仓进
行。百草堂剧社也派人参加这个活动。

㉒ 2009 年下河迷仓举办"秋收季节"，邀请一些民间剧社演
出，其中包括友缘剧社的《沃伊采克》和草台班的《小
社会》。

㉓ 友缘剧社的《沃伊采克》邀请百草堂的老赵和聂本杰饰演
剧中的角色。老赵是该戏导演卢珊看百草堂演《面具》时
相中的，而聂本杰是因原定的一位演员临时受伤而来救
场的。

㉔ 剧社的主要成员在开展活动中认识了一些上海搞民间戏剧
或民间剧社的人，聂本杰是其中之一。聂本杰曾给百草堂
做过训练、也排过戏——《魔椅》。

㉕ 星期六剧社主要开展民众戏剧活动，有一次因为需要活
动场地而联系老季，借用乍浦路街道文化活动中心的
场地。

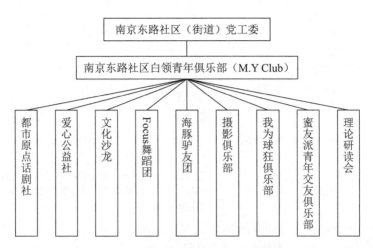

图 2 都市原点剧社的组织结构

表 1 2009 年全年百草堂话剧社活动情况

日 期	活动类型	活动内容
1 月 11 日（周日下午）	常规活动	乍浦街道文化活动中心。剧组开会讨论创作作品，通过头脑风暴的方式，大家决定了作品的主题和框架。
1 月 18 日	常规活动	继续构思作品。
2 月 8 日	常规活动	乍浦街道文化活动中心。编剧写出初稿，大家讨论，导演初步选演员。
2 月 14 日和 21 日	常规活动	一边讨论完善剧本一边排戏。
2 月 28 日	常规活动	话剧中心梁新宇和本次活动志愿组织者之一狗狗按计划来审查作品，提出意见。
3 月 7 日、14 日、21 日、22 日、28 日、29 日	常规活动	排戏（最后两周周末加排）。
3 月 31 日	演出	下午 2 点在话剧中心彩排、走台。晚上正式演出。
4 月 11 日	常规活动	为 18 日第二次演出再次彩排。
4 月 18 日	演出	下午在卢湾青少年活动中心演出。
4 月 26 日	社交娱乐活动	下午 K 歌。
5 月 9 日	社交娱乐活动	读书活动（乍浦路街道文化活动中心）。

日　　期	活动类型	活动内容
5月15—16日	社交娱乐活动	剧社部分成员去浙江长兴进行农家乐活动。
5月22日	社交娱乐活动	在徐家汇街道文化活动中心下午听讲座，晚上观看演出（第二届白领文化艺术节，刘涛联系的）。
5月29日	纳新活动	在刘涛家活动，来了几位新人，算是新人活动。
6月6日	常规活动	剧社成员老赵改编了阿加莎的一个短篇侦探小说《梦》，想排出来。大家简单讨论了演员等方面的问题。
6月12—13日	社交娱乐活动	到嘉定二日游。
6月20日	常规活动	请张弘做工作坊。
6月28日	社交娱乐活动	部分社员游泳活动。
7月4日	社交娱乐活动	羽毛球、游泳活动。
7月15日	社交娱乐活动	社长老季生日约十几个社员一起吃饭。
7月18日	社交娱乐活动	只来了三四个社员，聊了一会儿天就散了。
7月25日	常规活动	老社员子寒请来北京电影学院美术系臧老师，大家先做了一些热身游戏，又做了几个片段，请臧老师点评。
8月15日	常规活动	聂本杰做工作坊。
8月29日	社交娱乐活动	社员王老师生日，龙华寺一日游。
9月5日	常规活动	接到街道演出任务，参加第六届"德律风杯"虹口区公民道德建设小品大赛，讨论剧本。
9月12日	社交娱乐活动	嘉定一日游。
9月19日	社交娱乐活动	来了几个社员，先在乍浦路聊了一会儿天，再到人民广场看刘涛联系的演出场地。
10月—12月初	基本每周都有常规活动	由于剧社要参加几个活动，所以分成两组，一组5个人，作品《面试风波》，参加虹口区的演出和"风行"的第一场演出。排这个作品一共只用了四五次的时间（每次半天）。另一组约7个人（其中两位也参加了前一个作品），作品《寻找艾米莉》，参加"风行"的第二场演出，这个作品在约1个月的时间内排了七八次排出来的。

续表

日　　期	活动类型	活动内容
11 月 5 日	演出	晚上参加虹口区文化艺术馆参加第六届"德律风杯"虹口区公民道德建设小品大赛，演出小品《面试风波》，社长老季等几位社员前来观看。
11 月 28 日	演出	下午在静安文化馆参加"风行"，演了《面试风波》。
12 月 5 日	演出	下午，在卢湾区青少年活动中心参加"风行"，演了《寻找艾米莉》。

表 2　2008 年 5 月—2009 年 4 月都市原点话剧社活动情况

日　　期	活动类型	活动内容
2008 年 5 月 18 日	常规活动	观看上戏"百字剧"工作坊的录像，以游戏的方式进行训练。
6 月 7 日	常规活动	集体舞等。
6 月 29 日	常规活动	小品训练，为大戏积累素材。
7 月 19 日	常规活动	小品表演，道具制作。
8 月	无	由于奥运会和天气炎热等原因没有活动。发邮件向社员征集社歌。
9 月 5—7 日	娱乐性活动	观看由剧社的指导老师孙悦和陈新煌参与制作的话剧《一纸摋满猪》。
9 月 30 日	常规活动	社员周洁教大家自编的准备活动操，社长及副社长带大家做几个新学小游戏。讨论下一部剧本的相关事宜。
10 月和 11 月	无	这两个月没有社团活动，不过剧本的编剧小组——社员小敏和 Amanda 在陈新煌和孙悦指导下创作出了几万字的剧本。年度大戏共分为四幕，分别由四位编剧为大家呈现。其中一幕《爱情布捞格》是社员小敏在陈新煌老师的指导思路下完成的，计 13 000 余字。
12 月 7 日	常规活动	以小游戏，剧本编排为主，社员周洁教大家一段放松的健身操。

续表

日　期	活动类型	活动内容
2009 年 1 月 14 日或 16 日	娱乐性活动	组织观看上海戏剧学院上演的话剧《临时居所》。
2 月 21 日	常规活动	进行剧本分析、趣味的集体小游戏及有氧操训练等。选拔演员和剧组人员。共有 36 名社员参与，历时 4 小时。
3 月和 4 月	常规活动	分成两部分进行排练。周日上午主要排剧中的群戏场景。周四晚上进行 9 对男女的小场景的排练。到临近演出时几乎天天晚上都排练。

第五章

影响社团行动目标和模式的各种因素

一、对四个社团行动目标和模式的总结

通过对四个典型社团的分析，我们可以就它们的行动目标和组织模式总结如下：

第一，从社团的行动目标来看：龙华歌友会以纯粹娱己为行动目标；华阳路街道合唱队则是以表现性娱己为目标，其中的表现成分在四个社团中是最高的；而百草堂和都市原点则介于两者之间。

第二，从社团的组织结构看：华阳路街道合唱队最为正式，有一个垂直的、分成不同等级的组织结构。其特征是社团有明确的、成文的规章制度，对于加入和退出社团都有一定的规定，所以社团有一个明确的边界。不同等级的成员拥有对社团不同的影响力，一般是高一级的成员领导下一级的成员。而龙华歌友会则最为松散，社团没有边界，内部是依靠核心成员的个人威望和能力凝聚在一起。都市原点剧社和百草堂剧社处于两者之间，其中，百草堂是完全通过社员之间横向联系连接起来的网状组织结构，都市原点则是兼有垂直和网状两种形态的组织结构。

第三，从活动的种类和形式看：龙华歌友会的活动种类和形式最为简单，而其他三个团队的活动形式比较多样。其中：华阳路街道合唱队的表演活动最多，而且其常规活动是最有规律、最稳定的；都市原点剧社和百草堂剧社的常规活动则围绕表演性活动呈现

出周期性的波动。不过都市原点的活动计划性要高于百草堂剧社。

二、影响社团行动目标和模式的因素

这四个社区群众文娱社团表现出不同的行动目标和模式，有的社团表现性活动占了很大的比例，而有的社团几乎没有什么表现性活动，纯粹是娱己性的活动。相应地，这些社团的组织结构和模式也表现出很大的不同。造成社团不同行动目标和模式的主要原因包括成员个人的意愿、年龄的影响、社团活动内容的差异、核心人物的取向等，但最重要的原因是对这些社团的影响。在上面两章的比较分析中，我们可以看到街道扶持的社团的表现性活动比较多，这些表现性活动主要是街道安排的，社团的组织结构也比较正规。下面我将对这些影响社团行动目标和模式的因素进行一一分析。

（一）年龄的影响

我在对城市社区群众文娱社团进行初步分类的时候，就把年龄作为主要标准之一。在这四个社团中，两个是以中老年人为主的社团，另外两个是以年轻人为主的社团。就行动目标而言，表现性程度最高的是以中老年人为主的华阳路街道合唱队，而纯粹娱己的也是以中老年人为主的龙华歌友会，两个以年轻人为主体的社团则兼有表现和娱己的行动目标。就社团的组织结构而言，组织化程度最高的是华阳路街道合唱队，组织化程度最低的也是龙华歌友会，同样，都市原点和百草堂介于两者之间。似乎以中老年人为主体的社团总是处在两个极端。为什么？

第一个原因可能和不同年龄层的人们参加民间社团的动机、行为习惯及时间资源有关。一般来讲，老年人时间比较宽裕，所以能保证活动的按时开展。而且由于早年的经历形成的惯性思维，老年人比年轻人对政府和党组织更为信任和依赖，对于核心人物或者权威往往抱着尊敬和顺从的态度，也比较容易接受上下级式的管理方式，这使得他们对于街道社团行政化的运作模式更为接受。所以一方面，大多数老年人的社团是完全娱己的、松散而简单的，另一方面，也有不少老年人的社团在街道或其他政府部门的领导下，变得高度组织化、正规化，成为政府开展社区建设、群众文化活动的一个重要工具。而年轻人则更倾向于平等的关系，即便在都市原点剧社，从街道团工委书记施海燕到社长唐宁、王方圆，和其他社员之间的关系也是非常平等的。施海燕是通过引导和协商，而非行政命令的方式组织俱乐部开展各种活动的，即便要求都市原点剧社为街道排演节目也是和剧社骨干协商决定的，非常尊重社员的意见，也给予社团很大的自主空间。而社长和副社长在剧社里更多地扮演协调和沟通者的角色，而非决策者和权威的角色。

　　第二个原因可能和不同年龄层的人们的交往习惯有关。老年人一般更习惯于面对面的交往，但是直接的交往范围是有限的，因此老年人自发组织的社团活动一般是小规模的。大规模的社团都是在政府的扶持、指导下成立的，比如整合后的华阳社区合唱队。而年轻人更多地通过网络交往，社团的交往和活动在两个层面进行：现实生活中的人际交往和虚拟空间的交往。百草堂和都市原点社团开展活动都非常依赖网络，两个社团都有自己的网页（都市原点的海燕博客和百草堂在圈网和 OYA 网上的主页），都主要通过 MSN、QQ 和电子邮件等网络工具联络。网络让来自不同地区的人们在没有直接面对面交往的情况下也可能组成一个社团，因此大大扩展了社团活动的疆域，降低了社团成立和生存的门槛。同时，网络提高了社团内人际关系的复杂性和交叉性，人们在网上可以同时加入很多社团、圈子，每个人的社会网络和资源可以通过网络最快速、最方便地发生交集和互换，从而形成了成员之间横向的、交叉的关系网，而社团成员之间的横向联系的加强也使得等级分明的垂直结构难以确立起来。可以说，网络改变了人们交往的模式，也大大影响了民间社团的组织和活动模式。

（二）社团核心人物的影响

有些社团会受到某个人很大的影响，比如施海燕之于都市原点剧社。都市原点剧社被称为上海第一个白领剧社，这个第一和施海燕是分不开的。剧社的发展方向和具体运作也受到施海燕很大的影响（是影响，不是命令）。在剧社成立初期排《粉红女郎》的时候，施海燕几乎参加了剧社的每次活动，而随着剧社的成长和稳定，加上上戏的专业援助，让施海燕逐渐退到了幕后，不再参与剧社的日常活动和运作，但是这并不意味着施海燕对社团中影响力下降了。都市原点剧社到目前为止都是跟着施海燕的规划在走，比如每年大戏主题的确定、演出场地和形式、经费的来源、宣传等无不依靠施海燕的能力和想法。

同样，华阳路街道合唱队的李凤英老师也对社团有很大影响。李老师不仅是合唱队之前的指导老师，也是社团的组织者和管理者，社团无论招收新社员，还是选择参加演出的节目，排练都离不开李老师，她甚至还为合唱队创作歌曲，所以李老师是社团名副其实的决策和组织中心。由于李老师能力强，又不计报酬地为合唱队、为华阳社区志愿服务，所以她在社团中有很高的威信和地位，也正是李老师个人的魅力和威望，使得合唱队各级成员能够服从指挥，听从安排，井然有序地开展活动。

（三）活动内容的影响

这四个社团中两个是合唱队，两个是话剧社。其实在社区中，群众文娱社团活动的内容五花八门，有健身类活动、歌舞类活动、戏剧戏曲类活动、书法画画类活动、手工制作类活动，也有读报学习类活动等。不同的活动内容对于社团活动的行动目标和组织模式是有不同要求的，最主要的一点是，不同的活动内容表现性成分是不同的，会影响到社团活动是纯粹娱己的，还是表现性娱己的，像读报学习类活动表现性成分就比较低，而歌舞戏剧类活动表现性成分就比较高。华阳路街道合唱队和龙华歌友会的活动内容都是唱歌，唱歌既可以纯粹地自娱自乐，也可以通过表现性活动娱己，所以龙华歌友会不参加任何演出比赛也可以自得其乐，而华阳路街道合唱队则通过表现性活动达到娱己和完成街道表演比赛任务的双重目的。都市原点和百草堂话剧社的活动内容是话剧表演，话剧表演的表现性成分是最高的，几乎很难完全脱离表现性活动来娱己，既然是话剧社当然要排戏，而排了戏就一定想要演给别人看，所以自然这两个社团都会主动追求参加表演活动。

（四）政府部门的影响

这四个社团中，由街道扶持的两个社团都以表现为主要行动目标，并以垂直的组织结构为主，而两个自发的民间社团则以娱己为主要行动目标，并以横向的、网状的组织结构为主。这表明，社团的行动目标和模式，除了和年龄、活动内容和某些核心人物的个人风格等因素有关系之外，最主要的原因在于社团与政府部门的关系不同。

1. 扶植强化的社团表现为垂直的组织结构

一般而言，政府扶持的社团都表现出垂直的组织结构，而且政府介入社团的程度越深、扶持力度越大、管理越直接，那么社团的垂直结构越显著。原因在于：

首先，政府是科层制组织，其内部是典型的自上而下的垂直管理，各种命令、任务、信息和资源的传递也是以自上而下的方式为主。因此，一旦政府把群文社团纳入其管理体系中，那么社团必然要适应这种垂直的科层制的运作方式。

其次，垂直结构的社团是最便于政府管理的，一般社团少则十来人，多则三五十人，政府的相关管理人员显然不可能直接面对每一个成员，因此在社团中选出负责人，通过负责人沟通联络是最有效率的方式。目前街道群文社团建设的一个特点和趋势就是把群文社团做大做强。因此，现在各街道社团的规模有越来越大的趋势。在长宁区调研的时候，有不少街道报上来的社团人数在 50 人以上，有的甚至达上百人。其实一般基层群众社团的人数都不超过 30 个人，最常见的是十几个人规模的社团。因为基层的群众社团都是自然形成的，没有复杂的组织结构，所以只有小规模的社团才能保证成员之间能够直接互动，而这种直接互动是维系社团最重要的途径。这一点得到经验的证实，我所接触的社团每次活动的人数一般都在 10—20 人之间，很少有超过 30 个人同时参加活动的。虽然龙华歌友会和中山公园大家唱等社团的活动人数比较多，但是这些社团的核心成员和积极分子，即比较经常参加活动的人一般也不超过20 个。因为一旦超过 30 个人，社团的成员便无法保持直接互动，社团就会分裂成小的子社团或者解体，只有通过建立比较复杂的组织结构，才能将社团维持下去。所以华阳路街道通过网格化的管理体系把街道团队和下属的居委会团队及其他相关团队整合在一起的原因就是为了整合资源、便于管理。

2. 扶植弱化的社团表现为横向的网状结构

成员之间横向的联系越多越强，纵向的结构特征就越容易被弱化。政府扶持的社团，由于社团的主要资源来自政府，是自上而下传递、逐层分配的，所以垂直的结构是符合资源流动方式的；而在完全自发的群众社团里，决定社团生存发展的资源是各个社员从自身的社会关系网络中带入社团的，社员在社团中的地位取决在于他能带给社团什么样的资源，因此横向的网状结构能够最大限度地让外部资源流入社团。

三、影响社团行动目标和模式的具体手段与途径

（一）密切型关系社团的影响方式

政府影响密切型关系的社区群众文娱社团的具体手段是什么？从华阳路街道合唱队和都市原点话剧社这两个案例可以看出，政府有关部门的影响和支持主要表现在：

1. 直接帮助成立社团

比如都市原点话剧社和华阳路街道合唱队的成立就和街道有关部门有直接关系。还有些社团本来是比较松散的，后来在文化站或者相关部门的要求和介入下慢慢地变得正规起来，比如华阳路街道通过网格化管理对自发的社团进行重组。

2. 为社团提供必要的物质资源和其他资源

物质资源主要指活动场地和相关的设施。群众文娱社团的活动，特别是表演活动需要一定规模的免费的场所，因此能够得到活动场所对社团来说是非常关键的，而一般社区内的公共活动场所都在街道的控制之下，而且社团在表演时需要的舞台、灯光、音响等设备也不是某个社团本身可能解决的。除了物质支持外，政府部门还可以给社团提供一些无形的资源，如宣传。比如都市原点话剧社目前的声望就和施海燕请来媒体所做的报道分不开。

3. 为社团提供表演的机会

社团表演的主要机会就是街道或其他部门举办和参与的各种演出活动和比赛。对这些部门来说，需要高质量的节目完成演出任务，而社团为了展示自身，也需要表演的平台。两者各取所需、一

拍即合。如果社团的表演获得好评，或者在比赛中得奖，这也是街道取得的重要成绩。

4. 为社团提供专业的指导

文化馆和街道文化活动中心的艺术指导员会有计划地对群众文娱社团的活动进行专业指导。文化馆还定期举办各种培训班，让社团成员免费学习。另外，街道文化活动中心有些专门从事创作的人员，会根据演出的需要创作编排节目，而这些节目也是社团活动和表演的重要内容。此外，政府还可以通过自身的渠道和影响力为社团联系其他的专业资源，比如南京东路社区团工委就联系了上海戏剧学院，使得都市原点剧社获得专业的指导。

（二）松散型关系社团的影响方式

以上是和政府有密切关系的社团受到的影响，其实那些和政府没有什么直接关系的社团同样也受到其间接影响。政府对于这些社团的影响是通过如下途径实现的。

1. 设定了社区群众文娱社团存在的前提条件

有研究证明，中国社团数量发展的快慢与政府的态度及政策导向有密切关系。① 在中国的现实情况下，民间社团首先必须在国家容许的框架和范围内活动，否则会被取缔。中国关于社会团体的法律主要是国务院1998年颁布的《社会团体登记管理条例》。《条例》规定：要成立社团"应当经其业务主管单位审查同意，并依照条例的规定进行登记。"登记的条件包括"要有50个以上的个人会员或者30个以上的单位会员；全国性的社会团体有10万元以上活动资金，地方性的社会团体和跨行政区域的社会团体有3万元以上活动资金"。事实上，很少有社区群众文娱社团能具备这样的条件，

---

① 中国群众文化学会主编：《群众文化论丛17》，百家出版社2002年版，第53页。

所以长期以来群众文娱社团都处于一种"不合法"的状态，当然由于这样的社团数量庞大、满足了民众的需求且对政府没有什么威胁，所以政府对此也抱着默认的态度。随着社区建设的推进，社区群众文化建设和团队建设受到政府的高度重视，2002年，上海市政府颁布《关于进一步推进本市民间组织参与社区建设和管理的意见》，开始试点社区群众活动团队的备案制度，并于2008年11月25日起全市实行。所谓备案制度就是社区群众活动团队只要是10人以上的，都要经其所在地村（居）委会审查同意，由负责人向备案机关（街道办事处）申请备案。《意见》中的社区群众活动团队是指在本区镇（街道、园区）内，由居民自发形成、自愿参加，以文化娱乐、健身休闲、公益服务等为主要活动内容，不具备社会团体和民办非企业单位登记条件的非营利性社区社会组织。对于已经登记备案的群众活动团队，政府要"尽可能提供必要的活动经费和场地"，优先购买服务。如果违反规定或国家其他法律的，则将撤销备案，依法处理。①

2. 控制了社团可以活动的大多数场所

（1）对于社区群众文娱社团来说，活动场所是必须的，而且对活动场所还有一定的要求。

首先，群众文娱社团是有一定规模的，不是一两个人的活动，一般来讲社团都有十来个人活动。其次，很多社团都需要肢体活动，除了像读书小组、书法组等社团是比较静止的活动，大多数社团需要足够的运动空间。最后，很多群众文娱社团的活动是有声音的，比如合唱队、健身队、舞蹈队，都会发出声音影响到周围。所以社区群众文娱社团所需要的活动场所是有一定的面积，足够容纳至少十来人进行肢体活动的场所，而且这个场所最好有一定的独立性，既不影响到其他人，也不受其他人的影响。根据这个条件，让

① 《上海市松江区社区群众活动团队备案管理办法（试行）》。

我们来看看在上海的社区里，理论上可以为群众文娱社团所使用的活动空间有哪些：

- 街道 / 居委会的活动中心 / 活动室
- 小区内部的空地或者各个住宅楼宇之间的空地
- 社区范围内除公园、绿地、小区以外的户外空地，通常包括商家、学校、企业单位门口的空地
- 公园 / 绿地 / 广场
- 营业性场馆

（2）对社团而言，上述这些场所的可进入程度是不一样的：

第一，小区内部的空地一般只对于本社区的居民开放，外来者只有通过该社区居民的关系才能进入，而且越是高档的小区，外来者的进入难度越高。很多小区在设计时没有考虑到户外活动对居民生活的影响，因此晨练者与居民之间的矛盾纠纷很多。对于比较老的社区，居民楼之间的楼距非常小，在楼下的活动肯定会影响楼上的住户，所以除了一些新型小区设计比较合理的空地广场外，小区楼宇之间的空地是不适合社团活动的。

第二，商家、学校、企业等单位门口的空地并不能随意地使用，虽然这些地方都属于公共空间，但是由于社团活动可能会影响到对方正常的营业和工作；或者造成环境卫生问题，所以若要使用某单位或商家门口的空地，通常需要获得对方的同意。

第三，营业性场馆当然是需要费用的。对于群众文娱社团来讲，费用越高，其可进入性就越低。

第四，街道 / 居委会的文化活动中心 / 活动室理论上是对全体社区居民开放的，里面的图书馆、阅览室、乒乓房等场馆的确也是免费开放的。不过对于社团来说，由于前面提到的活动特性，往往需要专门的场地活动，而街道 / 居委会文化活动中心 / 活动室的场地资源是非常有限的。尽管按官方公布的统计数字，至 2005 年，上海已有市级群众艺术馆 1 个、区级文化馆 35 个、街道（乡镇）

级文化站近 225 个、居委（村）文化活动室近 4 790 个，初步达到
了平均 1.25 公里，步行 5—10 分钟距离设置一个公益性文化设施
的国际水平。① 并且根据上海市的"十一五"规划，"十一五"期
间要完成基本覆盖全市的社区文化活动中心和一批社区信息苑建
设，人均拥有公共文化设施面积达到 0.18 平方米。② 但是在实际
的操作中，这些公共文化活动设施和场所对于众多的群众文娱社团
来说还是僧多粥少。

（3）下面我以华阳路街道文化活动中心的场地为例，来分析
一下群众文娱社团能够使用的场地究竟有多少。

本章附录中的表 1 和表 2 分别是 2009 年华阳路街道文化活动
中心的场地分配和用途，以及 2008 年社区文化活动中心场地供各
个社团使用的情况。华阳路街道文化活动中心的建筑面积 6 073.04
平方米，使用面积是 3 188 平方米，其中用于办公和设备等辅助
功能的面积有 532 平方米，余下的 2 656 平方米的用途分成四大
块：信息苑 137 平方米，社区文化 1 520 平方米，社区体育 480 平
方米，社区教育 519 平方米。其中像展览厅、数字影院、文化便
利店、健身房、壁球馆、乒乓房、高尔夫馆、体制监测站等场地是
不能用于社团活动的，六楼 365 平方米的多功能厅是社区组织大
型会议或大型活动的主要场地，一般不供社团日常活动使用。所
以文化活动中心真正可以让群众文娱社团日常活动的场地主要集
中在四楼。四楼有 4 个房间，面积分别 60 平方米、93 平方米、60
平方米和 88 平方米。从这 4 个房间的安排（见表 2）中我们可以
看出：

首先，华阳社区文化活动中心不仅是社区群众文娱社团的主
要活动场所，也是社区教育的主要场所。其次，能够在社区文化活

---

① 王文英、蒯大申：《2005 上海文化发展蓝皮书——文化体制改革与上海文化建
　　设》，上海社会科学院出版社 2005 年版，第 125 页。

② 《上海市国民经济和社会发展第十一个五年规划纲要》，第十四章。

动中心开展活动的群众文娱社团都是街道的社团。而对于非街道社团，街道是不会给他们安排活动场地的，这就是群众文娱社团进入社区文化活动中心的门槛。最后，每个社团能够使用文化活动中心的时间是非常有限的，一般是每周 1—2 次。所以对于社区群众文娱社团而言，不是所有的公共空间都可以使用，不同的空间进入的门槛是不同的，而不同的社团使用公共空间的能力也是不同的。

理论上公园和绿地的空间是任何人都可以使用且无成本的，而且公园的面积足够大，也不容易干扰周围的居民。不过由于公园和绿地绝大多数是露天的，有些文娱活动并不适合在公园绿地进行。更重要的一点是，并不是每个社团在使用公园公共空间时都处于相同的地位。以华阳路街道辖区内的凯桥绿地为例，绿地占地约 4.3公顷，2002 年造好以后就一直是附近几个社区，包括周桥、新华、天山和部分华阳社区的居民晨练和活动的主要公共空间。在凯桥绿地上，自发成立了不少健身类的社团，比如有一位 80 多岁的俞老先生，以前身体不好，后来跟着一位老中医学习了一套筋脉操，练了以后病就慢慢好了，于是他 20 多年来一直坚持练这套筋脉操。俞老先生住在天山街道，原先在天山街道附近活动的时候，就有不少晨练的人跟着他学筋脉操，几年下来慢慢成为一个比较稳定的健身社团。后来凯桥绿地造好了，俞老先生就到凯桥绿地来锻炼，不少人就跟着他一起过来活动了。

华阳路街道成立群众团队指导站后，开始梳理原有的团队，组建新的团队。街道派骨干李君仙到凯桥绿地组织健身队。由于凯桥绿地原来就有很多的自发的晨练团队，所以华阳路街道通过两个途径开展工作，第一个途径是由街道组织一支气功操队。因为 2004年国家体育部推广气功操（包括易筋经、五禽戏、六字诀和八段锦），在上海设立了 10 个气功站，华阳路街道在凯桥绿地的气功站就是其中之一。街道派了一位同志到北京去学易筋经，回来后先教会几个指导站的骨干，然后再到凯桥绿地去推广。他们先在凯桥绿地的某块草坪上竖了一块铜牌，写着"华阳路街道健身气功活动站"，表示这是街道气功站的活动地方，然后这几个骨干每天自己带头做气功操，一边做还一边宣传，鼓励旁边的人一起做。不少晨练的人先在旁边观看，后来就有人过来询问气功操到底怎么回事、有什么作用等，骨干们就给他们介绍和宣传气功操的好处，慢慢地跟着几位骨干一起练气功操的人越来越多，逐步稳定下来成为一支社团。另一个途径就是把原来在凯桥绿地活动的自发社团组织起来，包括俞老先生的养身操队，一起归入街道健身队的旗下，接受群众团队指导站的管理和领导。和社区合唱团一样，华阳社区健身队共包括 9 支分队，除了气功操队是街道组织成立的，其他的队伍都是原本就在凯桥绿地活动的自发的群众社团：

气功操队，40—50 人

养身操队，20—30 人

木兰拳队，10 多人

健身舞队，30—40 人

交谊舞队，20 多人

太极拳队（1），最多 70—80 人，平时一般 40—50 人

太极拳队（2）（十八法），10 多人

太极拳队（3）（十八法加舞剑），10 多人

太极拳队（4），20—30 人

负责组建社区健身队的是街道群众团队指导站的骨干李君仙，大家都叫她李老师，一个非常热心积极的志愿者，几乎每天都去绿地活动，与在绿地活动的人建立了良好的关系。通过接触晨练的人群，李老师了解了这些自发社团的情况和问题，比如凯桥绿地上适合社团活动的空地不多，有些时候两个社团会为了争场地而发生矛盾，代表街道的李老师就自然成了协调者。通过一段时间，李老师在凯桥绿地活动的人中间建立了良好的关系网，树立了威信。当李老师告诉大家，街道希望在凯桥绿地成立健身队的时候，大家都表

示愿意参加。因为这些活动的人们都希望能够长期在绿地活动，他们认为如果成为街道的社团，那么活动就更有保障了，至少也没有什么损失。于是李老师要求每个社团选一个负责人，最后再请每个社团的负责人选出社区健身队的总负责人，由于这些人和李老师都比较熟悉，关系很好，所以一致推选李老师为健身队的总负责人。华阳社区健身队就此正式成立。

华阳路街道群众团队指导站在凯桥绿地推动社区健身队发展的同时，市园林局也在推行"公园—社区—志愿者"三位一体的管理机制，继 2001 年把凯桥绿地交由属地华阳路街道管理，明确由街道对凯桥绿地实施养护、保洁、安保等全面管理后，又要求每个公园绿地建立绿化志愿者队伍，让志愿者积极参与绿化管理、环境整洁、文明宣传等工作。考虑到志愿者的最佳来源就是经常在绿地活动的人，所以李君仙老师通过健身队各个分队的负责人动员大家报名，这些社团成员报名当志愿者还是非常踊跃的。目前凯桥绿地的志愿者共有 150 来人。

华阳路街道通过社区健身队和绿化志愿者队伍把凯桥绿地的公共空间纳入政府的管理体系中去。在凯桥绿地这个公共空间里，并不是所有的使用者都拥有相同的权利。显然，华阳路街道及其名下的社团相比其他活动者拥有空间的优先使用权，因为华阳路街道是凯桥绿地的管理方。华阳路街道已经把凯桥绿地视作自己开展活动的重要场地资源之一，每年街道有很多活动在绿地举行，同时，街道拥有优先安排自己的社团活动的特权，这虽然没有明言，但事实如此，而且也被各方默认。事实上，当代表街道的李君仙老师询问这些自发的社团是否愿意成为街道社团的一部分时，这些社团是没有拒绝的余地的，因为他们一旦拒绝，街道很可能通过安排其他社团进来活动的方法把他们"挤走"。本章附录中的图 1 是华阳社区健身队 2009 年在凯桥绿地活动场地的分配情况。我们从图中可以看到，除了草地，现在绿地上几乎所有可以容纳 10 人以上的社团活动的硬地差不多被分配完了，由于这些健身队是每天活动的，这意味着同一时段其他社团就无法使用该空间了。假如有新的社团需要使用绿地的空间，那么他们的选择只有两个：一个是加入现有的社区健身队，第二个是等现有的社团活动完了再使用。由于健身队一般都是早上活动，所以对于一般的自发健身队而言，凯桥绿地可以供他们活动的空间是很少的。

3. 影响社团获取其他资源的能力

群众文娱社团不仅需要活动的场所，也需要其他的很多资源，比如经费、师资、宣传等。群众文娱社团要获取这些资源的途径一般有三个：通过政府、市场或民间获取。从市场获取指的是通过商业方式运作，由于本章探讨的对象是非营利的群众文娱社团，因此商业化途径不在本章讨论的范围。从民间获取指的是得到非营利的、公益性的社会资源，比如资助捐款等。中国民间社会的力量还很弱小，第三部门的发展才刚刚起步，因此群众文娱社团能依靠的来自民间社会的资源也是非常有限的。由于政府掌握了大多数的资源，所以最好的办法就是直接和政府合作。华阳路街道合唱队和都市原点剧社本身就是政府培养的社团，因此他们能够得到最多的资源，而百草堂剧社通过和街道合作，也得到了一些资源。

群众文娱社团获取资源的另外一个方法是提高社团的知名度、影响力，这可以间接为社团带来更多的资源。主要有两个途径，一个是得到奖项或荣誉称号；另一个是通过媒体的报道和宣传，获取社会知名度。从表3中我们可以看到，在获得荣誉和奖项方面，政府扶持的社团有绝对的优势，理由也很简单，因为这些活动都是政府有关部门组织的，参加比赛的社团都是由政府相关部门选派的。民间社团如果不和街道挂钩就几乎没有机会参加这样的活动。其实很多比赛也不是社团本身愿意参加的，就像百草堂剧社以"维梦话剧社"的名义和乍浦路街道签了协议后，就代表街道参加了虹口区公民道德建设小品比赛，还专门结合此次比赛的主题创作了小品

《面试风波》，是关于大学生就业的非常主旋律的作品。并不是百草堂剧社喜欢排这样的作品、参加这样的比赛，可是有权利就有义务，既然接受了街道提供的资源，自然也要替街道做事了。

在通过媒体提高知名度方面，政府扶持的社团也占有很大的优势。都市原点剧社每次大戏公演的时候，施海燕都会邀请与街道有合作关系的媒体采访报道，而且这些媒体都是相当有影响力的，比如新民晚报、青年报等。华阳路街道合唱队在媒体方面宣传不多的原因并不是街道没有相关的资源，而是和华阳路街道的整体安排、相关负责人的喜好和惯有的工作方式有关，虽然关于街道合唱队单独的报道很少，不过关于华阳路街道的凝聚力工程、网格化管理等的报道经常见诸报端，所以华阳路街道在全国都是非常有名的，街道的资源多了，旗下的社团自然也水涨船高，能得到更多的资源。采访百草堂剧社的媒体相当部分源自刘涛的介绍，刘涛用心地推动百草堂剧社的发展，除了个人的兴趣外，还和他的工作有关，所以就有商业动机在其中。此外，由于剧社参加 2008 年上海话剧艺术中心的"一天世界"和"先行"活动，借由上海话剧艺术中心的影响力，剧社借助这个平台获得了不少媒体的关注。相比之下，以纯粹娱己为目的、和政府没有任何关系的龙华歌友会既没有任何荣誉、奖项，也没有获得任何媒体关注，和其他很多公园大家唱活动一样，只有通过歌友们之间口口相传获得自己在这个社会中的一个小小的位置。

四、本章小结

影响社区群众文娱社团的行动目标和模式的因素包括社团成员的年龄结构、活动的内容、核心人物的个人风格和政府的影响等。年龄、活动内容等因素是客观的，并不以人的意志为转移的，核心人物的影响则具有偶然性（有些社团并没有强有力的核心人物），但政府不仅能影响到与其有直接、密切关系的社团，而且也间接影响到那些似乎与其没什么关系的草根社团，所以对于社区群众文娱社团，政府是最主要的影响因素。政府影响社区群众文娱社团主要通过法律规定、控制空间、提供资源等途径进行。

本章附录

表 1　2009 年华阳社区文化活动中心场地安排

楼　层	室　号	用　途	备　注
一层		多功能展览厅	文化
		东方信息苑	信息
		攀岩馆	体育
二层		门厅兼多功能展览厅	文化
		健身房	体育
		体质检测站	体育
		办公室	辅助
		壁球馆	体育
		高尔夫馆	体育
三层		图书馆	文化
		数字影院	文化
		文化便利店	文化
		办公室	辅助
四层		音乐教室	教育
		大家唱教室	教育
		书画教室	教育
		乒乓房	体育
		多功能排练厅	文化
		会议室	辅助
		办公室	辅助

续表

楼 层	室 号	用 途	备 注
五层		视频会议室	辅助
		活动室	教育
		活动室	教育
		活动室	教育
		办公室	辅助
		活动室	教育
		办公室	辅助
六层		多功能厅	文化
		贵宾接待室	辅助
		化妆间	辅助
		储藏室	辅助
		监控室	辅助
七层		辅助用房	辅助
		储藏室	辅助

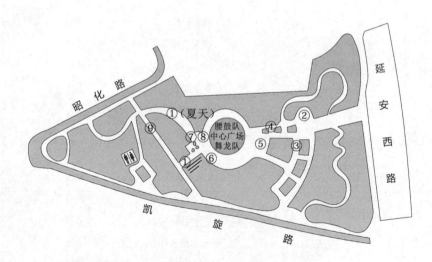

图 1　2009 年凯桥绿地华阳社区健身队活动情况

说明：

1. 图中数字 1 到 9 分别代表街道健身队的 9 个子社团在凯桥绿地的活动地点。

① 养身操队。因为夏天阳光的原因，有两个活动地方。

② 太极拳队 1

③ 木兰拳队

④ 健身舞队。这是原陶家宅居委会的队伍，由于没有活动场地，于是到绿地活动。

⑤ 太极拳队 2

⑥ 交谊舞队

⑦ 太极拳队 3

⑧ 气功队共用一块空地。早上 6 点 45 分—7 点 45 分是太极拳队 3 使用，7 点 45 分—8 点 45 分由气功队使用。

⑨ 太极拳队 4

2. 绿地的中心广场上，周二上午是街道腰鼓队活动，周三上午是街道舞龙队活动。

3. 在上海各大公园里，打太极拳的人是最多的，凯桥绿地原来就有 4 支太极拳队，街道也曾想把这几支队伍整合成一支队伍，但是太极拳的流派很多，大家也习惯于跟着某个核心人物练，所以没能整合起来。

表2　2008年6月华阳社区文化中心各团队活动时间

活动室	时间	周一	周二	周三	周四	周五	周六	周日
综合教室（401）	上午 8:30—11:30	CA合唱团队		越剧沙龙	声乐班（社区）		合唱团队	
	下午 1:30—4:30	"想唱就唱"声乐沙龙	曲艺沙龙	京剧沙龙	淮剧沙龙	器乐团队	锡剧沙龙	评弹 6/15、6/29
琴房（404）	上午 8:30—11:30	电子琴提高班	钢琴中级	电子琴中级		钢琴提高班		
	下午 1:30—4:30	钢琴初级 13:00	电子琴初级	电子琴提高班	钢琴中级 18:15 钢琴初级			
舞蹈房（405）	上午 8:30—11:30		舞蹈团队		舞蹈团队	侨韵时装队	少儿拉丁舞	少儿拉丁舞
	下午 1:30—4:30	交谊舞班 13:30—16:30 残疾人舞蹈班 16:30—17:30	木兰团队 13:30—16:30 残疾人舞蹈班 16:30—17:30 舞蹈（小班） 19:00—20:00	交谊舞 13:30—16:30 瑜伽 18:30—20:00	各戏曲团队走台	手把舞 13:30—16:30 残疾人舞蹈班 16:30—17:30 少儿拉丁舞 18:00—20:00	少儿拉丁舞 12:30—21:00	少儿拉丁舞 12:30—16:00
综合教室（406）	上午 8:30—11:30	读书会英语班 每月底周一	骑游协会	侨韵书画	侨韵书画沙龙	双语班		
	下午 1:30—4:30		太平洋机电合唱	民族工艺班	编织班	十字绣班		双语班

表3　四个社团获奖情况和媒体报道的大致情况（至2009年）

	奖项和荣誉	媒体报道			说明
		平面媒体	电视电台	网络	
华阳路街道合唱队	2005年上海市园林系统合唱比赛一等奖 2005年长宁区老年文化评比赛小合唱优胜奖 2006年长宁区原创歌曲合唱比赛三等奖 2007年上海市中老年军旅合唱比赛三等奖 2007年女声小合唱社区文化节表演三等奖 2008年上海市迎奥运合唱比赛二等奖 2009上海市社区合唱比赛长宁区优秀社区合唱团入围奖	不详	不详	华阳社区网站 上海市文化广播影视管理局网站 长宁区文化局网站	
都市原点话剧社	南京东路社区（街道）"明星社团" 共青团上海市委"上海市2008年青年中心优秀项目"评比第二名 获上海文化发展基金会文化艺术活动项目资助	新民晚报 青年报 申江服务导报 天天新报 解放日报 新闻晨报	黄浦有线 上海电视台 上海教育电视台	腾讯网 上海戏剧学院网站 黄浦区社区网站 两新互动网 上海青年中心网站 文新传媒网站 解放网 搜狐 东方网 国际日报（网） 都市客 杭州图书馆	前来采访的媒体中大部分是施海燕联系的，其余的是慕名而来的。有些媒体上的报道是相互之间转载的。
百草堂话剧社	无	新民晚报 申江服务导报 第一财经日报 今日报	上海人民广播电台	北青网 环球网 解放网	大部分媒体采访刘涛介绍来的。有些是慕名而来的。
龙华歌友会	无	无	无	无	

第六章

政府与社区群众文娱社团关系的分析

通过前面章节对于典型案例的分析，我们得出一个结论：政府对社区群众文娱社团的影响是很大的。同时我们也分析了政府影响群众文娱社团的直接和间接的手段。但是这归根到底讲的都是"是什么"的问题，分析到这里不禁要问一个"为什么"的问题：政府为什么要控制、影响社区群众文娱社团？人类学家克利福德格尔茨（Clifford Geertz）认为，人类学是一门阐释的科学，目的是建立对现实的理解，手段则是他称为"深描"的方法，即把社会现象置于文化的脉络中加以描述。① 为了理解、阐释政府与社区群众文娱社团之间的关系，必须将其置于更大的背景中，厘清脉络。那么这个背景和脉络是什么呢？

政府是国家权力机构，代表的是国家，而社区群众文娱社团是民间社团的一种，民间社团又经常被视为民间社会的一个重要组成部分，因此政府与社区群众文娱社团的关系实质上是国家与民间社会关系的一部分。当然谈论国家与社会的关系是个过于宏大的话题，所以我把政府与社区群众文娱社团的这种关系置于国家政权与民间社团之关系的脉络之中，来理解前者存在的必然原因及其意义。

---

① 〔美〕克利福德·格尔茨：《文化的解释》，上海人民出版社 1999 年版，第 16 页。

一、民间文娱活动及文娱社团的兴起和发展

（一）民间文娱活动的发展

文化娱乐是人类的基本需要之一，人类从事文化娱乐活动的起源恐怕是无从考证了，同样，以中国历史之长、地域之大，要用几句话讲清楚民间文化娱乐活动的状况也是极其困难的。不过就民间文娱活动的发展情况看，总体上是随着生产力水平的提高、经济文化的发展而不断分化不断成长的一个过程。

在以农耕为主的传统中国社会，"庶民生活节奏，因农耕渔猎作息而逐渐形成日常生活规律习惯"。[①] 同样地，普通民众的各种日常活动也是围绕生产展开，不过"虽以生产为主，实在每一刻板之时段，增饰种种或庄或谐，或歌或舞，或祷或禳等调节心性之活动"。[②] 也就是说，最初的文化娱乐活动是和人们日常生产劳作融合在一起的。我们现在所指的休闲娱乐活动是伴随着近代职业化的发展而出现的。在传统农业社会，人们的日常劳作并不是作为一种职业而独立存在的，同样，娱乐休闲也不是一个与工作相对立的独立的领域。传统社会的很多文化娱乐活动，比如庙会、年集、社戏，最初并不是出于娱乐的目的。例如传统民间社会生活中的重要内容社日（春社和秋社）是源于土地崇拜的祭祀活动，最初是一种宗教性的活动，但是在社日中最重要的活动是举社宴饮，以及歌舞乐庆，这也是一年之中乡村最为盛大的集体娱乐活动。由此可见，在宗教性的活动中往往含有娱乐的成分，这些活动在祭社娱神的同时，还满足了人们自身的娱乐需要。随着时间的推移和社会的发展，至唐宋时期，节日的社会功能出现多元化的取向，原先的巫术祭祀成分越来越少，而娱乐、玩赏、休闲的功能越来越突出，严肃

①② 　王尔敏：《明清时代庶民文化生活》，岳麓书社 2002 年版，第 28 页。

的祭祀，祭奠等礼仪色彩颇强的活动向民间游乐集庆活动转化，这一趋势已是非常的明显。①

民间文化娱乐活动的形式内容是多种多样的，除了文人寄情山水、结社聚会外，还有斗鸡、走马、蹴鞠、双陆这样全民性的游戏活动。谢和耐（Jacques Gernet）在《蒙元入侵前夜的中国日常生活》中这样描写当时南宋的京城临安（今杭州）：

> 杭州到处都有供人们交往聚会的好去处；城外花园可供市民治游观光，城中空地或街头巷尾的卖艺者把人们吸引得目不转睛，茶肆供富室子弟学乐器，而湖上轻舟则等着游客去开心取乐……此外，杭州尚有专供娱乐的场所，那是些专业的"娱乐场"，在那里人民可以学习戏曲、弹唱，而且每天都可以看到各种戏剧的表演……

> 最热闹的时候是在节庆期间，这时人们倾城出动，在街市上开心取乐，通宵达旦地畅饮，到处寻找好玩的去处，故露天的娱乐活动亦最是繁多。

> 除此之外，人们在空闲时还会从事各种各样的户内游戏，这类游戏非常丰富多彩，为的是适应各种年龄及各个阶层的要求。有时在玩某些游戏时甚至还有男女区别……②

上述文字可见南宋京城娱乐生活之繁荣和丰富。民间文化娱乐活动的这种发展，是和当时社会经济的发达程度密切相关的，也和市民阶层（工商业者阶层）的兴起有很大的关系。

（二）民间文娱社团的出现

社，即社祭，指春社秋社的祭祀活动。结社就是人们为了祭祀而组织起来的意思。从人们结社的内容和目的看，最早是为了宗教祭

---

① 陈江：《明代中后期的江南社会与社会生活》，华东师范大学 2003 年博士学位论文。
② 〔法〕谢和耐：《蒙元入侵前夜的中国日常生活》，江苏人民出版社 1995 年版，第 68—172 页。

祀活动，以后逐渐地超越了宗教性活动。从社团的构成看，最初主要是基于血缘关系和地缘关系，后来出现了基于信仰、专长、志趣和某种需要的社团。民间社团在宋代已有一定的发展，到明代中后期，社团的种类、规模都有空前的发展。社团的种类主要包括经济性社团、宗教性社团、军事性社团和文化娱乐类社团。在文化娱乐类社团中，有文人为了酌酒和唱、品茗会文的诗社和应付科举、研习功课的文社；也有赏花赏景、游戏娱乐、讲究美食的会社，如棋社、镜社、茶社、菊集等；有艺术类的社团，如张岱发起的切磋演奏古琴技艺的"丝社"，还有退休官僚士大夫为消遣休闲结成的怡老率真会。而在市民阶层流行的社团有蹴鞠社、角抵社、相扑社等。①

民间文娱活动和文娱社团的出现，是社会发展到一定程度、人们的需求多元化的结果。各种文娱活动和社团组织，最早都和宗教性活动有密切关系，但是随着时间的推移，变得越来越世俗化，娱乐、休闲、社交等已经成为这些社团活动的主要目的，同样，人们组织社团也从功利性目的转向了精神性目的，这是民间文娱活动和文娱社团发展的一个总趋势。

前面已经说过，各种民间文娱活动和社团最早起源于宗教社祭活动。古代社祭，王者祭太社和王社，诸侯祭国社和侯社，而庶民（大夫以下）亦有社。有学者认为，从周代以来国家一直推行"里社合一"的制度，里是一种基层行政单位，每一里皆有其社，依据《礼记》"祭法"郑玄注，地方上每当住民满一百户，则共设一社。当时里与社基本是合二为一的社会基层单元，既是法律诉讼又是民间崇拜的基本单位。②可见社的活动是受政府管理的。到汉代随着"社"的活动私人化、自愿化的倾向，首次出现民众自相结立的祭祀组织"私社"。而私社是为官府所禁止的。自汉代以降，里、社

① 史江：《宋代会社研究》，四川大学 2002 年博士学位论文。
② 杨华：《战国秦汉时期的里社与私社》，《天津师范大学学报》（社科版）2006 年第 1 期。

合一逐渐走向里、社分离，尽管官府一再禁止，但民间私社越来越盛行。① 在之后的发展中，政府和民间社团，以及民间文娱活动的关系一直是非常复杂的，下面我将加以说明。

二、传统社会中国家政权和民间组织的关系

在中国传统社会中，国家政权对于整个社会的统治包括两个方面，一类是往下只到县一级的正规官僚机构的活动，另一类是由各地缙绅之家进行领导和施加影响的非正规的网状系统的活动。所谓的非正规网状系统就是各种民间组织和社团，包括："（1）官方出面组织的、作为上层统治伸向基层统治触角的里社保甲坊厢系列；（2）家庭宗族乡族系列；（3）经济型乡族组织及行业性组织。"② 这些民间组织，除了根据血缘、地缘、经济或社会利益结合而成的宗族组织和江湖秘密会社外，其他的如乡约、社学、社仓等，大多与政府存在千丝万缕的联系，有的甚至就源于官府的倡导和发动。这些民间组织代行政府的某些政治功能，如征税、司法、行政等，享有一定的政治能力。因此总的来说，一方面，民间组织总体上对维护统治是起了积极作用的，因而历代统治者对民间组织大多持默认、支持、利用的态度。不少学者把传统社会国家对于社会的统治描绘成"国家—社会精英—民间社会"的模式。但是另一个方面，有组织地主张不同的社会利益及任何结党的努力，从来都受到政府的压制和打击。民间组织是一种强大的组织化力量。由于自古以来，民间组织常常扮演着反抗统治者的角色，成为农民起义或改朝换代、政治斗争的工具，因此政治性很强。对此，历代统治者又严

① 周扬波：《宋代士绅结社研究》，浙江大学 2005 年博士学位论文。
② 闫东：《中国共产党与民间组织关系研究》，中共中央党校 2007 年博士学位论文。

加控制民间组织的发展，防止它们参与政治活动。①

　　总之，在前现代的中国，国家尽管试图对基层社会进行直接的统治（保甲制度可以看作是国家统治试图进入基层社会的努力），但是在当时的物质和社会条件下，国家政权不具备直接控制基层社会的经济能力和技术手段，所以只能通过民间组织和地方权威对基层进行间接的统治。因此，在传统社会中，民间组织和国家总体上不是对抗的关系，大多数民间组织是为国家服务的。

　　到了清末，在外忧内患的背景下，政府不得不实施改革、推行新政，传统中国踏上了通向现代国家的艰难路程。在这样的背景下，国家和民间社会的关系发生了一些变化。由于政府采取的一系列诸如大兴工商、推行地方自治、鼓励新式社团的成立等措施，民间社团有了很大的发展。但是，清政府在一定程度地实施鼓励和保护商办民间团体政策的同时，又从许多方面予以各种限制，力图控制商人社团的活动范围与权限。②

　　民国时期，袁世凯组建北京政府后，为了加强中央政府的权力，对社会团体进行严格的控制。比如：1912 年袁世凯颁布过一条命令，所有的私立团体不得干预司法和行政机关的事务。同年又下达总统训令禁止"秘密结社"，并先后取缔闸北公民会和全国公民会等社团。1927 年，蒋介石建立国民党政权后，首先取消地方自治，强令解散各种民间自治团体，又采取种种措施加强对民间社会团体的监督和控制。1929 年 6 月，国民党第三届中央委员会第二次全体会议通过《人民团体设立程序》。1930 年 7 月，国民党中央常务会议又发布《修正人民团体组织方案》，规定了成立自愿社团的严格而复杂的程序。比如：所有的团体必须向地方党部提交申请书得到批准。所有的团体必须接受国民党特派员的

① 闫东：《中国共产党与民间组织关系研究》，中共中央党校 2007 年博士学位论文。
② 朱英：《清末民初国家对社会的扶植、限制及其影响——近代中国国家与社会新型互动关系系列研究之一》，《天津社会科学》1998 年第 6 期。

视察。此外，这些团体要遵循三民主义，接受国民党指导，遵守法律，服从政府指令。除了例行会议之外，任何社团举行会议都必须提前经党部和有关政府部门批准。1931 年 1 月，国民党政府通过《危害民国紧急治罪法》。在这一法律下，组织社团危害民国是触犯者会被判刑十五年的罪名之一。1934 年 9 月，在国民党中央党部的指示下，市党部对上海的所有公共团体进行了一次系统调查等。①

三、现代化进程中国家对私人领域的介入和管理

国民党政府试图控制的都是涉及公共领域的社团组织，以业余时间的文娱活动为目的而自愿组成的社团，属于私人活动与私人交往的领域，当时尚不在政府控制的范围内。原因是：

（一）传统中国社会没有独立的私人领域

在传统社会中并不存在现代意义上的私人领域，中外概莫如是。私人领域最初出现是与 17 世纪后欧洲近代主权国家的形成有关。当时欧洲的这些主权国家开始从更大的社会中脱离出来，上升为一个政治功能高度集中的特殊领域。国家与社会的分离不仅产生了非人格化的公共的国家权威，而且产生了个人在其中以私人身份追求各自利益（首先是经济利益）的作为私域的社会。私人领域是以个体独立人格为基础的私人活动与私人交往空间。最初这个以私域出现的社会只是统治的对象，但是逐渐地，通过私人之间的自由

---

① 《国民政府公报》第 429 号，第 2—4 页，转引自徐小群：《民国时期的国家与社会——自由职业团体在上海的兴起 1912—1937》，新星出版社 2007 年版，第 98 页。

结社，通过对公众话题的讨论和对公共事务的关注和参与，一个超乎个人的公共领域便产生了。因此，公共领域可以理解为：介于国家与社会之间的向所有人开放的公共空间。

与欧洲的封建社会不同，中国的封建社会从秦朝开始实行的是中央集权的郡县制。国家政治原则是家庭血缘关系中所包含的伦理原则的放大与上升，也就是家国合一。个体是嵌于家族的成员，并不是脱离家族关系的原子化的存在。因此，独立的私人领域是不可能在这种情况下形成的。

（二）民间文娱活动和社团的非政治性

民国时期，在富裕的上层社会中文娱活动是很兴盛的，"腰缠万贯的大班、阔绰有余的买办、一夜暴富的投机商等富裕阶层，有他们聚会消遣的俱乐部"，"有的上赌场，有的去打高尔夫球，也有的在宽敞的公寓里举办家庭舞会"。[①] 同时，也有很多以娱乐为目的的社团，其中最典型的就是大量的京剧票友会。参加票友会的很多是"出于中产阶层的工商业者、自由职业者、中高级专业人员。他们或经商办厂或任职于洋行、大学、医院、铁路、报界、法律界，地位优越、交友广阔、收入丰厚，有很强的经济实力和社会地位"。[②] 虽然这些社团受到西方的影响，除了自娱自乐外，也强调社团对社会的作用与贡献，经常组织慈善演出。不过总体而言，这些社团并没有太多的政治诉求。

与上层社会形成对照的是，普通大众的生活处于很低的水平，

---

① 楼嘉军：《上海城市娱乐研究（1930—1939）》，华东师范大学 2004 年博士学位论文。转引自朱邦兴等：《上海产业与上海职工》，上海人民出版社 1984 年版。
② 邹越：《传统与摩登的融合——民国时期上海的票友及票社》，《文化遗产》2008年第 2 期。

大多数人只能勉强维持温饱。在这种情况下，他们文娱活动也受到了很大的限制。当然在普通市民中，文娱活动还是有的，比如"同为工人，文化程度高一点的有许多喜欢唱歌，还有踢球、打拳、演话剧等。而有的工人则喜欢看电影、玩游乐场，听戏曲。同为职员，有的在工余之后对于赌成为一种嗜好，趋之若鹜，办公室里常听见中风、白板追述昨夜战绩，有声有色地闲谈，也有谈回力球逸园的心得的，而有的则喜欢高级的嗜好，例如读书、绘画、摄影、刻图章等"。① 但是考虑到普通大众的收入状况，总体而言，他们的文娱活动的数量和规模是比较有限的。比如以产业工人和手工业工人为主体的劳工群体，是城市下层社会的主要社会群体。当时，一般产业工人的月薪最高 40 元，最低仅 5.9 元，普通工人月薪一般在十几元至二十元左右。按照当时的物价水平，1936 年一个家庭（4 口人）的月生活费至少要在 20 元以上。而一个工人工作时间多在 12—14 小时，最多 16 小时。在这样的生活状态和生活水平下，文娱活动从何谈起呢？

1933 年上海工人家庭平均消费结构一览 ②

项目	食品	衣着	房租	燃料	杂项	合计
占百分比	53.2%	7.5%	8.3%	6.4%	24.6%	100%

可见，大多数城市下层的人，由于经济的拮据，只能勉强维持生计，加上超长的工作时间，根本没有金钱、时间和精力进行休闲娱乐活动，而为了休闲娱乐而组成社团的就更少了。

总之，19 世纪末 20 世纪初，中国处在传统向现代转变的过程中，现代国家政权也处于逐步建构之中，不管是处于末期的清朝政

---

① ② 楼嘉军：《上海城市娱乐研究（1930—1939）》，华东师范大学 2004 年博士学位论文。

府，还是民国时期的袁世凯政府、北洋军阀政府，或者是蒋介石的国民党政府，都还没有建立统一、稳定、持久的现代国家行政管理体系，政府更关注的是那些有着或者可能有政治性诉求的、可能会影响其执政地位的公共性社团，而基层社会民众包括休闲娱乐在内的私人性质的活动和社团还没有进入其控制和管理的视野中，或者说国家即便有心想管，在当时的政治、经济、社会条件下也是无法达成的。

（三）国家对私人领域的介入和管理已经初现端倪

虽然国家还没有直接控制民众休闲娱乐等私人领域，但是渗透已经慢慢开始。最有代表性的就是当时开展的社会教育运动。社会教育，是指学校以外的文化教育机构对人民群众和少年儿童所进行的教育。南京国民党政府上台后，借助行政力量自上而下掀起了"由教育改造以达社会改造"的教育运动。民众教育馆是负责这场运动的综合机关，担负着推进国家政策、促进民众文化水平提高、倡导社会风气及提升农村经济力、改善民众生活等重要职责。国民党政府为了推行民众教育，先后颁布了一系列有关社会教育的法令、法规，并且对民众教育馆投入经费。虽然当时社会教育主要以识字教育为主，但是也涉及民众生活方式的改造，其中就包括休闲娱乐活动。比如，当时的民众教育馆"……不仅大力开展以扫盲为特征的文字教育，注重民众读书识字，更通过图书阅览、出版通俗刊物、讲演、识字运动，代笔会、流动书车、展览会、电播电影等各种形式，教育民众，致力于整个乡村文化和民众生活方式的改造。以江苏省立南京民众教育馆为例，'阅览室内每天阅览人数常在百人左右；游艺室内更是人满为患，茶余饭后，人们在此弈棋，拨弄丝竹，逐渐摒弃了不良嗜好；每周的电影更是不用招徕，民众自会聚集前来，甚至时常出现拥挤局面。'"①

政府之所以动用行政力量推进民众教育，除了通过识字教育扫除文盲，通过生计教育提升农民生产力，更是要"培植民众自治能力"，在行政体系建构中促使基层政权体系的地方化，实现国家政权向乡村基层社会的渗透。在民众教育馆主要事业中，政治教育（公民教育）一直占据主要位置。国民党政府在《民众学校党义课程大纲》中要求，有关社会教育各机关如戏院、游艺场、民教馆、公共体育场、公园等，都要合乎党化教育的精神，施行公民训练，对国民党效忠，奉行国民政府的法令。②可以看出国家试图对民众的精神生活和私人领域进行控制。

总之，19世纪末20世纪初，中国传统社会崩解，现代国家政权逐步建立，国家政权开始向基层渗透。同时，随着经济文化的发展和职业化进程，私人领域逐渐形成，而休闲娱乐也在商业化的推动下成为人们生活中一个独立的重要部分。虽然此时，国家政权的主要精力还在于对公共领域和公共社团的控制，但是对于私人领域和私人社团的渗透已经开始。

四、中国共产党与群众文娱活动和文娱社团的关系

（一）1949 年之前

1949 年之前，中国共产党在开辟农村革命根据地，进行武装斗争的同时，在文化战线上也聚集力量，组织队伍，开展反对国民

---

① 周慧梅：《民国时期民众教育馆变迁的制度分析》，《教育学报》2008 年第 4 期，转引自林宗礼：《怎样办理民众教育馆》，《教育与民众》1933 年 9 月第 5 卷第 2 期。
② 郭谦：《民国时期统治者对城市下层社会的社会调控》，山东大学 2007 年博士学位论文。

党政府迫害和发展革命文化的斗争。所以中国共产党对民间组织的态度是积极支持，其政策是联合与控制。因为民间组织不仅可以为中国共产党提供人员、资金、活动场所，集结社会力量，掩护其身份，隐蔽其精干，而且还能够为中国共产党培养社会运动领袖与党员干部人选，宣传政党的主张，进行社会动员。中国共产党通过依靠、领导民间组织，使社会组织化，能够迅速集结社会力量，宣传政党的路线方针政策，扩大影响。[①] 同时，中国共产党在发动群众运动时，并不仅限于政治性的社团、形式上也不限于政治活动，而是利用一切可以利用的社会团体和活动形式。文娱活动和文娱社团就是一个非常重要的手段。下面是中国共产党从成立后以文娱形式开展的一些群众活动：[②]

- 1920 年秋，上海共产党早期组织成员李启汉在沪西小沙渡地区开办了一所工人半日学校，这是共产主义者在全国最早开办的一所工人学校。
- 1924 年夏，在沪西工人补习学校的基础上，成立沪西工友俱乐部。
- 1924 年秋，在沪东杨树浦工厂区建立的"工人进德会"。
- 1934 年冬，中共党员刘良模在四川路基督教青年会和八仙桥青年会创办"民众歌咏会"。
- 1935 年在"左联"领导下成立"业余合唱团"。
- 1936 年 11 月 2 日，海关中部分爱好文艺的职员组织进步团体"乐文社"。
- 孤岛时期，由进步的戏剧专业工作者推动并帮助发展起许多职工业余戏剧活动。中共除了由于伶负责专业剧团外，

---

① 闫东：《中国共产党与民间组织关系研究》，中共中央党校 2007 年博士学位论文。

② 沈以行等：《上海工人运动史》（上下册），辽宁人民出版社 1996 年版，第 62—63、181、198、461、629、630、650 页。

还先后派殷杨（扬帆）、姜椿芳等领导业余剧团。当时各行业的职工团体的业余剧团中以银联、保联、工华、职妇、益友社等团体的剧团最为活跃。

- 抗日战争结束后，中国共产党尽可能利用各种合法条件，领导工会继续大力开展各种福利、文教活动。比如，三区百货业工会成立后，多次举办演讲会、文艺晚会。各分会还根据自己的条件设立了图书馆，举办歌咏组、话剧组、平剧组、粤剧组、口琴组、军乐队等文娱活动。有的还举办美术组、美术补习班。工会还不时举办乒乓球、篮球、足球等比赛。

中国共产党在执政之前紧密依靠社会力量开展革命活动，民间组织、社团是其团结、争取的重要对象。通过包括文娱活动等在内的各种形式开展革命活动和群众运动，是中国共产党发展壮大、最终夺取政权的重要手段之一。《上海市群众文艺工作情况的调查报告》就提到："群众文艺活动，在上海是有深厚的传统的。解放以前，党领导的话剧运动和歌咏运动，大部分是业余性质的，这种活动，在对敌斗争中起了很大的作用。"[①] 这一成功的历史经验成为中国共产党执政后建设国家政权的重要依据，并保留下来并发扬光大。

（二）1949—1978 年

中国共产党执政后，为了把分散的、多元化的社会力量组织起来，对基层社会进行了重新组织。在城市，重组的结果是产生了两种基层组织制度，即单位制度和街居制度。单位具有政治、经济与

---

① 《上海市群众文艺工作情况的调查报告》，上海档案馆 1957 年资料。

社会三位一体的功能，以行政性、封闭性、单一性为特征。街居组织实际上是一种单位的变体，它以居住场所为基点，把非单位人口纳入统一的街道、里弄组织内部。借助这一体制，非单位人口也实现了单位化的管理，从而使整个城市形成高度同一化的单位社会。国家通过单位这一组织形式管理职工，通过街居体系管理社会闲散人员、民政救济和社会优抚对象等，从而实现对城市全体社会成员的控制和整合，达到社会整合和巩固政权的目的。①② 过去"国家—民间精英—民间社会"的三层结构变为"国家—民间社会"的两层结构，国家直接面对民众，因而可以将各种信息直接传达到民众。

在这个阶段，中国共产党秉承传统继续把群众文艺活动作为开展政治运动的手段之一，"解放初期，群众艺术活动也非常活跃，在历次的群众运动中，也发挥了很大的作用。"③ 这个时期，文化教育、政治学习成为人们业余时间最主要和最基本的内容，在基层由居委会统一主持下人们的业余生活实现了组织化。比如，有学者探讨了这一时期上海人的业余生活具有的几个基本特征：④

- 同一化。一方面，休闲娱乐的多样性减少。另一方面，大众文娱往往是以集体组织的形式展开，不仅内容雷同，且参与率极高。从内容来看，全市范围的文娱活动主要是学习、腰鼓、乐队等具有"民族的、健康的内容"的活动。

- 政治化。新中国成立后的文娱活动强化了政治教化功能。人们参与文娱活动有两重意义：作为受众，则接受政治教

---

① 杨丽萍：《从非单位到单位——上海非单位人群组织化研究（1949—1962）》，华东师范大学 2006 年博士学位论文。

② 河海兵：《我国城市基层社会管理体制的变迁：从单位制、街居制到社区制》，《管理世界》2003 年第 6 期。

③ 《上海市群众文艺工作情况的调查报告》，上海档案馆 1957 年资料。

④ 杨丽萍：《从非单位到单位——上海非单位人群组织化研究（1949—1962）》，华东师范大学 2006 年博士学位论文。

育，作为表演者，则进行政治宣传。各种里弄文艺组织成
员就成了政府的文艺宣传大军，他们应各种运动宣传的要
求进行义务演出。

简而言之，1949 年中国共产党执政后，对社会进行了改造，
通过对各种社会组织进行取缔、重组、改造、扶持，使民间组织社
团不再对公共安全构成威胁。同时，国家通过单位制和街居制将政
权触及社会的每一个角落，社会组织国家化、个人生活政治化成为
1949 年到 1978 年中国社会的主要特征。在这个时期在各个单位和
街道、居委会成立的各种群众文娱团队主要开展以宣传教育为目的
的活动。

（三）1978 年后

从 80 年代开始，政府开始实行文化体制改革。其中有一条就
是开展各种有偿服务和"以文补文"活动。

1. 文化体制改革与"以文补文"经营

有偿服务和"以文补文"活动，最早出现在 1978 年。当时，
广东、广西、湖北、安徽、河北等省区，把公社办的电影队、影剧
场、体育场等文化设施划归公社文化站统一管理，文化站举办的某
些活动可以酌量收费，意即取之于"文"，用之于"文"。[①]一方面
是体制改革，另一方面也是为了弥补政府文化经费的不足。以上海
为例，"（90 年代之前的）三十多年来，由于种种原因，上海用于
文化、教育、卫生部门的基建投资额占全部基建投资额的比重长期
徘徊在 4% 左右。其中用于文化设施建设和完善方面的投资更少。
1983 年，上海市市区文、教、体、卫方面的基建投资额仅占基建

---

① 曹普：《20 世纪 70 年代末以来的中国文化体制改革》，《当代中国史研究》2007
年第 5 期。转引自张有海：《谈"以文补文"》，《艺术景观》1989 年第 2 期。

投资总额的 3.9%，低于全国 266 个城市 10.2% 的平均水平，在全国 19 个百万以上人口大城市中居最末一位。资料表明，1990 年之前的 30 年，上海文化体育设施总投入不足 20 亿元，如果扣除体育设施的投入资金，直接用于文化设施的投入更少"。[①] 这些投入文化的经费其实主要是用于基础设施和场馆建设，可是场馆建好之后，还需要维护、管理、运行的开支，而政府已经没有更多的经费投入。在这种情况下，政府鼓励文化事业单位"以文养文"。于是各地的文化馆和文化中心纷纷自谋出路。比如：

　　1978 年，四川沙坪坝区文化馆开始搞"以文补文"的经营。1979 年后，"补文"项目逐年扩大。在 1984 年 12 月的"全国城市文化工作会"沙坪坝区文化馆率先提出"以文补文"的口号。"以文补文"的年度收入从 1978 年的 3 万元增加到 1992 年的 383 万元。这十五年的总收入 1 356 万元，超过国家拨款 37.88 万元三十多倍。1987 年 1 月沙坪坝区文化馆成为四川全省第一个不靠国家拨款的文化事业单位。在全馆开设 60 个项目中，有偿经营活动为 24 项，包括电影放映、液晶投影、镭射电视、皇冠歌舞厅、风采舞厅、金沙城夜总会、芳草地卡拉音乐厅、餐厅、金沙商场、小卖部、戏装租赁、溜冰场、碰碰车、太空飞车、台球、电子游戏、儿童小火车、电瓶车、小飞机等。[②]

　　浦东文化馆从 1983 年起，对有偿服务部门实行了经济承包责任制。实践证明，"以文补文，多种经营"是发展文化馆事业的一条有效途径。由于采取了一系列的改革措施，所以无论是社会效益或经济效益都取得了一定的成效。但从 1983 年到 1986 年这四年的实践看，在经济效益中，（上海浦东文

---

① 中共上海市委宣传部等编：《上海文化改革与发展》，上海人民出版社 2004 年版，第 126 页。

② 雷宗荣：《以文补文》，《人民论坛》1994 年第 1 期。

化馆）全馆总收入达 169.19 万元，相当于上级部门拨给文化馆 1983、1984 两年事业经费 26.7 万元的五倍多。馆内增添了 360 平方米的游艺廊、431 平方米的碰碰车场地、700 多平方米的溜冰场、605 平方米的活动房。增设的活动项目包括电视录像、音乐茶室、溜冰场、交谊舞会、弹子房、电子游艺游戏、高尔夫球等。①

80 年代初基层文化馆（站）率先开展有偿服务活动。到 1989 年底，全国有半数以上的文化单位开展了多种形式的"以文补文"活动，营业收入总额近 10 亿元。除了上交各种税金和上交主办单位外，"补文"收入 1.9 亿元，占同期文化事业费的近 15%。②

在开展"以文养文"之后，到 1988 年，全国文化事业单位开展有偿服务和"以文补文"活动的网点就达 11 458 个，全年纯收入 1.8 亿元，相当于当年国家所拨文化事业经费的 12% 左右。③ 但是，当原本的街道文化活动中心、居委会文化活动室纷纷改弦易张，进行经营性活动之后，那些收入微薄的弱势人群就失去了最后的在政府管理和控制之下的文化活动场所。当大量的人群游离在原有的社会控制体系之外，就大大减弱了国家政权对于基层社会文化建设的控制能力。政府意识到，在作为社会调控手段的单位体制解体后，迫切需要建立一个新的调控手段。正是在这样的背景下，取代街居制的社区制被政府提上了工作议程。1998 年 10 月，国务院对《社会团体登记管理条例》进行了较大的修改，逐步形成对民间组织实行双重分层管理体制。政府对于民间组织的态度是既要发挥

---

① 闵雪生：《关于浦东文化馆系列改革调查报告》，《上海大学学报》（社科版）1988 年第 4 期，第 105—108 页。

② 刘玉珠：《文化发展中的经济问题研究》，《管理世界》1990 年第 6 期。

③ 马洪等主编：《中国改革全书〈文化体制改革卷〉》，大连出版社 1992 年版，第 4 页。

其作用，又要加强管理。在政府控制民间组织的总体政策取向中，存在着分类控制。政府根据民间组织的集体行动能力与提供公共物品的水平来确定对各类民间组织的不同策略。

2. 重视群众文化建设与社团建设

对于社区群众文娱社团，国家认识到这些社团在推进社区文化建设中的价值，对群众文化建设和社团建设给予了高度的重视。首先通过试行《群众活动团队登记备案管理办法》，填补长期以来国家管理社区群众社团的法律盲区。同时在财政方面对公共文化建设、群众文化活动进行大量的投入。比如：

- 新中国成立后的第一个五年计划期间，我国文化事业费投入为 4.97 亿元，1978 年增加到 22.04 亿元，到 2008 年，达到 248.05 亿元。我国群众文化服务机构的各项收入中，国家财政补助在每年的收入比例中一直占据相当大的份额和比重，而且逐年增长。①

- （2009 年上海）市本级文化体育与传媒……市级支出合计 27.2 亿元。市本级支出中公益性文化支出增幅高于财政经常性收入增幅 0.4 个百分点。落实文化支出 12.8 亿元，对 28 个社区文化活动中心建设进行补贴，为全市 220 个街道乡镇统一配送公益性讲座、社区文化艺术指导等 5 大类文化项目……（2010 年财政预算）市本级文化体育与传媒……市级支出合计 27.7 亿元。市本级支出中公益性文化支出增幅高于财政经常性收入增幅 1.2 个百分点。主要安排于……公共文化服务体系建设、群众文化活动……。②

- "九五"期间（我国）举办的文艺活动总量是 135 万次，而

---

① 中华人民共和国文化和旅游部网站资料。
② 《关于上海市 2009 年预算执行情况和 2010 年预算草案的报告》。

"十五"期间则达到了 159 万次。①

● 坚持以政府为主导,积极发展公益性文化事业,鼓励开展各类群众性文化活动,加强社区文化活动中心等基层文化设施建设,让广大群众就近便捷地享受公共文化服务。②

● 2007 年全年国家财政拨款共计 20.5 亿元,其中文化事业财政拨款投入 13 亿多元,为历年之最。地方财政对公益文化事业的投入也有较大增长,(比如)江苏制定了文化事业投入"两个高于"政策,即每年财政用于文化事业支出增幅高于财政一般预算支出增幅,"十一五"文化事业投入占财政支出的比重高于"十五"时期所占比重。③

总之,由于对开展群众文化活动的意义,以及对群众活动团队作用有了新的认识,政府加强了对群众文化及团队建设的投入和管理。

3. 群众文娱社团管理的中国特色

综上所述,现代国家机器对于基层社会中自发的群众文娱社团的介入和管理,可以归结为三个特点:国家机器本身的特质、中国传统社会中国家与民间组织关系的传承,以及中国共产党自身发展的特殊经验积淀。

(1)现代国家有一种对社会进行全面控制的内在的自我扩张的驱动力。如果没有制约的力量,或者发生财政困难,或者遇到其他重大问题,国家对社会的控制有扩张到社会最底层、涵盖社会生活的每个领域的趋势。

(2)中国传统社会,各种民间的社会组织与国家的关系不是分离、对立和制衡,而是依赖和相互利用,从本质上讲,民间社会组织是依附于国家的。国家有通过民间社会组织进行统治的传统。

① 黄春平:《我国群众文化服务体系的发展现状与特征》,载于李景源等主编:《中国公共文化发展服务报告(2007)》,社会科学文献出版社 2007 年版,第 210 页。
② 《2010 年上海市人民政府工作报告》。
③ 《我国公共文化服务体系建设迈出新步伐》,载自《经济日报》,2008 年 3 月 3 日。

（3）中国共产党在取得政权过程中，依靠民间社会组织，通过从政治运动到文娱活动各种形式的活动发动群众是一条重要的经验。因此在执政后这种方式被保留下来并发扬光大。在新时期下，群众文娱社团的价值和潜在作用被重新认识。

五、当前政府管理社区群众文娱社团的原则和手段

学术界比较公认的关于中国政府与民间社会组织关系的理论是康晓光提出的分类控制体系。该体系把民间社会组织发动集体行动的能力和民间社会组织提供的公共产品的性质作为政府选择不同控制手段的基本原则。

（一）分类控制理论 [1]

对于与社会稳定和公共安全有较大关系的社会组织，政府的策略是将其作为"准政府组织"；对于不涉及社会稳定和公共安全的组织，如果是协会、商会等，政府的策略是鼓励和支持；如果是民间自发的团体或非正式组织，策略是不加干预；对于危害社会稳定和公共安全的组织，政府的策略是禁止和取缔。

在此前提下，根据社会组织提供的公共产品，政府实施不同的控制策略。比如，对于协会、商会、政府需要的非政府组织等社会组织，政府对其采取鼓励和支持的策略，因为这些组织所提供的公共产品是政府急需的，对那些所提供公共产品并不是政府所急需的社会组织，策略则是限制其发展，或是采取放任政策。

---

[1] 康晓光、韩恒：《分类控制——当前中国大陆国家与社会关系研究》，《社会学研究》2005 年第 6 期。

（二）对社区群众文娱社团的分类控制

康晓光的分类控制体系是对所有民间社会组织的一个总体性的概括。在这个体系中，社区群众文娱社团总体上是属于不涉及社会稳定和公共安全、同时所提供的公共物品并非政府急需的社会组织，所以多年来政府采取的措施是不加干预。不过，社区群众文娱社团的潜在挑战能力并不是一成不变的，同时，政府对于群众文娱社团提供的公共产品——各种文娱活动的需求程度，也是随着时局状况而不断变化的。一般来说，当一个国家的人均收入达到1 000美元后，文娱服务消费的快速增长会促使文化消费在总消费中的比率不断增加。① 根据国家统计局公布的数据，2009年，我国的城镇居民的人均可支配收入是17 175元（2 000多美元），而当年上海市的人均可支配收入已经达到28 838元（超过4 000美元），这意味着国民对于文娱服务的需求急剧增长，光靠政府已经很难满足群众全部的文娱需求，尤其是非商业性的文娱需求。因此，政府对社区群众文娱社团的态度也发生了很大的变化。目前，政府对社区群众文娱社团的控制也可以看作一个细化的分类控制体系：

对于不影响社会稳定和公共安全的、较少为政府部门提供所需要服务的社团采取放任的态度。比如像龙华歌友会这样完全以娱己为目的、不参与街道组织的各类活动因此提供的公共产品较少的社团，基本上持不闻不问的态度。

对于不影响社会稳定和公共安全、同时又经常为政府部门提供所需要服务的社团，则采取鼓励和支持的手段。比如南京东路街道都市原点话剧社和华阳路街道合唱队，政府是全力扶持，鼓励其发展。

对于有可能影响社会稳定和公共安全的社团，政府的态度是限

---

① 姚刚、赵石磊：《中国城镇居民文化消费的实证研究》，《黑龙江社会科学》2008年第1期。

制和控制。本书采用的四个社团都是从事文化娱乐活动的社团，根本没有政治或宗教方面的诉求，所以不产生这方面的问题。不过这并不代表所有的文娱社团都是如此。

（三）对一个控制实例的分析

为了说明政府对于有可能影响社会稳定和公共安全的社团所采取的控制手段，我将另外举个例子加以说明。

民间剧社草台班

上海有一个民间戏剧社团叫草台班。草台班由赵川成立于2005年。他曾在澳大利亚留学十多年，写过小说、做过编剧。2001年接触台湾民众戏剧，受到很大的影响。为了参加在韩国光州举办的2005"亚洲广场"戏剧节，赵川和刘阳等一些志趣相投的朋友组成了一个剧社，取名草台班。草台班的主要作品包括《三八线游戏》《狂人故事》《鲁迅2008》《蹲》《小社会》等。草台班提倡"逼问剧场"，关注社会问题，作品具有强烈的社会性，充满了对社会问题的拷问和抨击，因此不可避免地带有政治性。所以草台班一直都受到政府有关部门的监管。

2009年下河迷仓组织的"秋收季节——迷仓2009"当代表演艺术年度交流展演中，在草台班演出《小社会》后的一次演后谈中，有观众对赵川说，"我非常喜欢你们的戏，绝对愿意付50元以上的钱买票来看，你们为什么不通过各种渠道宣传一下自己的剧社，让更多的人知道草台班呢？"赵川说"其实这次演出我们也试图去请有关媒体，比如《新民晚报》，但是对方没有给任何答复"。《新民晚报》是代表政府的官方媒体，对比它对都市原点剧社和对草台班的不同态度，其差别是再明显不过了。

从草台班这个例子我们可以看到，对于具有一定风险隐患的社团，政府采取的策略是限制和控制。当然，草台班的活动虽然受到种种的限制，但是能够生存到现在，能够公开地活动在杭州、广州、南京、武汉、济南、北京、上海等地演出，而且在《新京报》《艺术地图》等媒体上还是可以看到有关草台班的介绍，这意味着在政府眼中，草台班的挑战还没有越过容忍的底线，所以政府并没有直接的取缔。

从这个例子可以看出，当一个社团（或群体）比较严重地影响了社会稳定和公共安全的时候，即便政府不能直接取缔，也会通过间接的手段进行管控。通过上面的案例介绍，我们可以得出几个结论：

首先，政府加强对群众文娱社团的控制在整体上是必然的趋势。政府体现了国家意志，这既是现代国家机器扩张的内在必然性，也是自传统社会以来中国国家政权与民间组织、社团关系的延续，同时，对于执政的中国共产党来说，通过群众文娱活动和文娱社团开展政治性活动是获取革命成功的重要原因和经验，因此在这三个原因的综合作用下，至少在今后相当长的一段时间内，中国的国家政权对于民间社团的控制会呈现一个全方位扩展和加强的趋势。

其次，政府对于社区群众文娱社团采取的是分类控制的办法。根据社团对于社会稳定和公共安全的影响程度，以及对于政府提供服务的意愿和能力，对不同的群众文娱社团分别采用从取缔、限制、放任一直到支持扶助等不同的策略，以便政府能够在付出最少代价的基础上最大程度地掌控社区群众文娱社团并为己所用。

六、社区群众文娱社团政府管理的不同方法

通过上面的分析，可以说明政府与民间社团的关系整体上是管理和被管理的关系。不过由此认为民间社团完全是被动地接受管理、毫无主观能动性并不符合事实，至少是过于简单化了。当前政府在很多领域是鼓励民间社团的发展，所以民间社团有一定的发展

空间和自由。对于基层民间社团比较贴切的描述是：民间社团是在有规范的自由中的积极的行动者。之所以要积极地行动，是由民间社团的本质决定的。我们所探讨的社区群众文娱社团，不管是街道、居委会社团，还是自发的民间社团，都是在活动中诞生和发展，也只有在不断的活动中才能生存下去，一个群众文娱社团如果不活动了，也就不存在了。因此，从这个意义上讲，民间社团，不仅是个名词，更是个动词。下面就是社区群众文娱社团在有规范的自由中所采取的积极行动：

（一）归化

归化就是直接挂靠到街道或居委会名下，成为街道或居委会团队，接受其管理。归化有主动和被动两种。被动的归化是街道或居委会主动提出的，比如华阳路街道凯桥绿地上原先自发形成的众多健身社团。主动的归化指社团主动要求成为街道或居委会的社团。上海社区很多街道/居委会社团最初都是自发的，后来由于希望使用街道/居委会的场地，或者希望通过参加街道/居委会的活动得到演出、学习的机会而主动要求成为街道/居委会的社团。社团一旦归化后，就成为接受街道/居委会管理和领导的下属组织，这其实就是一种上下级的关系。

（二）合作

合作指社团在比较平等的基础上和街道/居委会通过利益的交换而结成的一种互惠的关系，即各尽其责，各取所需。比如百草堂剧社和乍浦路街道的关系。一方面，百草堂剧社需要街道的场地，以及其他的资源，另一方面，街道也需要有一支话剧类的社团（特别是年轻人的社团）满足开展活动和比赛的需要，所以双方建立了合作的关系。如在街道和剧社签的协议中，明确地规定，剧社只能代表乍浦路街道、不能再同时代表其他的事业机关和单位参加公开的活动或演出，这是由于百草堂剧社并不希望成为完全附属于乍浦路街道的社团，对将来有着自己的打算，所以没有采用归化的办法，而是以"维梦话剧社"的名义和街道签了协议，这样一来剧社既得到了资源，又保持了独立性。

（三）自娱自乐

对很多社区群众文娱社团来说，只想保持一种自娱自乐的、简单的活动形式，所以没有必要，也不想和街道、居委会发生什么关系。对于这类社团，政府的态度是放任其存在。尽管如此，这些社团"都没有从事政府反对的活动，都有强烈的'底线意识'，对自己的活动都采取了严格的自律"。① 这种态度可以称之为保持距离但自娱自乐。

不仅如此，很多此类社团还表现出非常"主旋律"的姿态。比如龙华歌友会，尽管没有政府部门的要求，在国庆、建军节等节日，都会唱很多歌唱祖国歌唱党的歌曲，社团的周年庆活动也宣称是要表示对革命烈士的怀念，要歌颂党、歌颂祖国、歌颂社会主义和和谐社会。

（四）边缘化与独立性

那些对政府具有一定潜在挑战能力的社团，由于政府的限制和压制，被阻挡在主流文化圈之外，其生存空间就更为狭小，因此可

---

① 康晓光、韩恒：《分类控制——当前中国大陆国家与社会关系研究》，《社会学研究》2005 年第 6 期。

以称之为边缘社团。这些社团也有自己的生存之道。由于政府掌握了话语权，决定了主流价值观，所以边缘社团有意识地通过拒绝主流价值观，确立自己的评判标准，创造出属于自己的空间。在采访草台班的核心成员"疯子"的时候，有一个小插曲令我印象深刻。当时为了写论文，我在网上收集了不少民间剧社的资料，其中包括草台班。由于"疯子"的博客"当戏剧撞击流星"在戏剧圈子里很有名，点击率很高，所以见到"疯子"后，我随口说了一句："你们草台班很有名啊！"对这句略带恭维的话，"疯子"的反应出于我的意料，他居然反问道："什么，草台班已经很有名了？！"从他的表情和语气看，显然我的评价对草台班不是褒奖而是批评，因为他们有自己的评价标准。"疯子"明确地告诉我，草台班的目标是"形成自己的戏剧美学与生存生态"，"不做轻浮的表达"。他们把自己做的东西和"主流、官方和商业"的东西分割得很清楚，不愿意做任何妥协。同样，在下河迷仓举行的"秋收季节"活动的公约里也明确写着，秋收季节在下河迷仓和"其他非主流定义之合适空间"，对参演剧目的要求是"当代类质原创，个人团体皆宜。拒商业、忌肤浅，矫情与狗血类谢绝"。民间戏剧界通过与主流、官方，以及商业戏剧进行切割，从而建立了属于自己的标准和空间。在民间戏剧的圈子里，能够进入上海大剧院和上海话剧中心的舞台并不代表艺术成就有多高，至多是获得政府认可或者商业成功而已。他们有自己的评判标准，有属于自己的空间——下河迷仓是最为典型的代表。因为迄今为止，下河迷仓对于上海民间戏剧和民间剧社的影响力和重要性是无人能敌的。

下河迷仓是上海民间实验戏剧排练、演出的集约场所，目前免费为上海十多个民间剧社提供排练和演出场地。下河迷仓的主人王景国 2000 年在上海开办的"真汉咖啡剧场"作为上海，乃至中国第一家私人剧场名噪一时。由于一直申请不下来演出许可证，两年间耗尽了他数百万元的投入，在上海推行咖

啡剧场文化的梦想最终也归为泡影。但是王景国并没有放弃戏
剧。2005 年，"下河迷仓原创俱乐部"在龙漕路上一个废旧的
仓库里诞生。这一次商业和文化彻底分开了。同样是剧场，收
门票卖酒水的"真汉"是以文化作为方式，开放式的下河迷仓
纯粹就是一种文化方式。"下河迷仓"成为纯粹的文化场所，
无偿地支持、鼓励所有年轻的艺术家、原生态的原创表演，同
样是自觉的响应则来自上海民间的一些文化组织——剧社、乐
队、现代舞团，他们又共同组成下河迷仓原创俱乐部。下河迷
仓的运作资金全部由王景国的设计公司支付，俱乐部不涉及营
利性项目，只象征性地向会员收取每年几十元的会费，却免费
为各个民间剧社提供场地。目前，俱乐部的注册会员已有近百
人，有 10 个以上的民间剧团在此排练演出。①

　　下河迷仓每年都会组织很多艺术活动，邀请很多国外艺术团体
前来表演。比如"秋收季节——迷仓 2009"，从 9 月 12 日到 12 月
12 日三个月间，邀请了 11 个民间戏剧团体演出，作品形式包括环
境戏剧、肢体戏剧、舞蹈剧场、文本戏剧等，此外还有讲座、工作
坊和论坛等活动。这在上海的民间戏剧界可谓一桩盛事。而下河迷
仓在民间戏剧人和戏剧爱好者心中的地位也可以从众多网上的介绍
评论看出来：②

- （下河迷仓）没有门户之见，不防盗贼不看文凭，不分人种
国籍，只问有心用心与否……特色一：完全为艺术而生的
创作室 + 排练场 + 剧院；特色二："金钱"二字被关在迷仓
门口；特色三：小众化的艺术感觉。
- "创作 + 排练 + 演出"——下河迷仓作为罕有的把"金钱"
关在迷仓门外的民营话剧小剧场，其内场地和公演对外都

---

① 陈冰：《边缘话剧边缘生存》，《新民周刊》2006 年。
② 以下评论均来自当时的大众点评网。

是免费开放，因此成为上海文艺青年心目中最后的香格里拉和上海小白领眼里"老有味道"的怀旧经典之地。所以"开放"和"小众"两者气质交融在一起，成为下河迷仓独树一帜的风格。成立一年多来，下河迷仓盛名赫赫远扬，民间剧社和高校话剧组织都陆续到这里来演出，今年还有境外前卫戏剧展演，还有张献策划的前卫艺术活动，使下河迷仓成为众多上海艺术空间中最独特的一处。目前又成立了下河迷仓原创俱乐部，吸引了众多爱好艺术的年轻人。

- 话剧集中地—文艺青年集中地—以前是话剧社出来的关系所以一直蛮迷恋这个迷地的。
- 设施是比较简陋的，灯光是昏暗的，但演员是相当努力的，表现的题材还是比较前沿的，赞扬一个！
- 免费出租场地给中国现代话剧的好地方！可以看到很多先锋的作品，针砭时事，对开拓视野很有帮助。
- 看到民间话剧团队这么卖力并近乎专业的表演，我很感动。1元的票价，5元的简介书，也说明了他们并不是以营利为目的的团体，而是真心想做好话剧。
- 一直是很低调的艺术工坊。提供"草台班"这样的民间团队演出的地方。很有艺术气息，很多有特色的老东西。妙哉，去看过几次演出。都很不错。有的搞笑，有的严肃。还去上过那里日本导演来的肢体语言表演课。很有感觉。

同样，对于2008、2009年在上海话剧中心举办的"一天世界"和"先行——青年创意戏剧节"等活动，凡是进行报道的官方媒体无不谈论了一番民间剧社登上代表主流和官方的上海话剧中心舞台的重要意义。但是仍有不少人持有不同的看法。中国戏剧网上有一篇名为《一天世界，远景路漫漫》的评论，作者表示：

各民间剧社第一次在上海话剧中心这么一个官方重地，以展演的形式集体亮相，作为第一次在话剧中心开展的这样的活动，此次活动可以顺利结束已经是个意义，作品的好坏也不是一个框死的评价标准，甚至不该是成为一个戏剧节好坏的标准。它的意义在于，打开了一扇门，运用到主流的资源来给民间剧团。

但是作者又提出了几个尖锐的问题：

这个活动虽然是在话剧中心举办的，但法人不是话剧中心，挂的抬头也不是，只是市场部喻荣军点头、梁新宇操办的一个自留地。这并非主流对于民间的认可或者重视，而是更多处于观望状态。这个活动是不是可以长期办下去，并且长期在官方没太多限制的环境下持续下去，是个问题。而且这种活动的开展，也不会真正可以起到促进话剧中心的改良，无论是作品倾向、职业态度还是官爷秉性。

诚然，民间剧社不同于专业剧社或者主流的剧团，不仅仅是在体制、资金、场地、成员出身上，更在于站在一个普通人的立场上的发声，其意义比所谓的好戏要重要，这有把剧场抢夺到自己手上、打破官方文化垄断的重要意义。但是此次"一天·世界"的演出，有些作品好像是说我们身边的故事，但是却是那么浅尝而止，不做下去就没有立场，没有立场的发声只是叹气而已。"一天·世界"的活动到底意味着什么？是意味着可以去话剧中心的舞台上爽一把？还是要在这个官方的舞台之上呈现出个人的特质？又或者是民间剧团走向商业主流市场的一扇窗户？

对于梁新宇来说，"一天·世界"的将来该走向何方是一个重要的问题。重点是放在交流呢？还是探索戏剧新形式呢？还是各民间戏剧有更大平台展现自己？不同的侧重点有不同的操作和关注点。就目前看来，这些都还很模糊，大学生话剧节已经完全被主流给收编了，从意识形态价值观到运作模式，且黑幕不断，利益纠葛，人际复杂，现在基本算是夫妻老婆店。我不希望"一天·世界"所隐隐显出的可能性也有一天被吞没掉。

　　"一天·世界"，说起来简单，但要真正达成太难了，不是在话剧中心上可以演个戏就天下大同了（在此不是要就这个词抬杠），民间戏剧的特质是什么？各自意识形态的矛盾在哪里（我不认为存在没有意识形态的艺术）？在什么基础上和主流可以形成真正的交换以达成平衡？"一天·世界"？远景路漫漫。

　　以上是博文作者个人的看法，同时也代表了相当部分民间剧人的看法。他们对官方的、主流的、商业的模式都是持批评的态度。因此，当上海话剧中心市场部的梁新宇继"一天·世界"后举办"先行——青年创意戏剧节"的时候，他曾主动给草台班的赵川打电话，邀请草台班参加"先行"的活动。赵川在电话里告诉梁新宇他需要回去和社员商量，一周之后给答复。据"疯子"说，剧社成员对于是否参加"先行"也是有不同看法的，当然具体争论的细节他们并没有透露给我，但是最终的决定是不参加这次活动。可见，在主流戏剧圈和非主流戏剧圈里，各自所执的标准是完全不同的。民间戏剧，尤其是非营利的民间戏剧，也正是通过在官方体制和商业体制之外创造出一个不同的空间，来为自己赢得另一种强势的地位。

第七章

小结和展望

一、第一部分小结

本书第一部分的研究内容所涉材料包括 2009 年和 2010 年我在上海市长宁区、徐汇区和浦东新区开展的田野调查所收集的第一手资料，以及截至 2010 年的历史文献、档案和国内外学者的相关著作。本书研究的对象是社区群众文娱社团。研究基于这样的假设：在中国的城市社区中，尽管形形色色的群众文娱社团有着不同的活动内容、不同的参与者、不同的活动方式，但是依据一定的标准可以将这些数量形态庞杂的社团分成几个不同的类别。这个分类的标准是我在初步调查的基础上确定的，第一个标准是社团主体的年龄结构。根据这个标准，可以分成以中老年人为主体的社团和以年轻人为主体的社团。第二个标准是社团与政府部门（主要是街道及居委）的关系，根据这个标准可以分成街道/居委会社团和民间自发的社团两种。由于这个标准是简洁、直观而明确的，因此也是易于操作的。在此基础上，我选择了四个典型性社团进行深入描述和分析，对于社团的描述和概括是基于这样的逻辑：首先，每个社团都有其行动目标，即社团为什么要存在、为什么要活动，社区群众文娱社团的行动目标可以分成两种——纯粹娱己和表现性娱己。纯粹娱己就是为了满足社团内部成员的需求；而表现性娱己则是以一个社团的身份向外界展示。其次，在行动目标的指引下，不同社

团的组织结构和行动模式是不同的。反之，通过对社团组织结构和
行动模式的分析，可以知道社团（真正）的行动目标。

通过对四个社团的组织结构、活动种类、内容和形式的描述和
分析可以看到，两个街道社团都是以表现性娱己为主要目的，而两
个民间自发社团则是以纯粹娱己为主要目的。在组织结构上，以表
现性娱己为主要行动目的的社团，其组织结构以垂直的、等级的结
构为主；而以纯粹娱己为主要行动目的的社团，其结构以横向的、
网状的结构为主。同时，年轻人的社团较之老年人的社团，更多地
具有网状的特点。

在分析四个社团的行动目标、组织结构和活动模式的基础上，
我探讨了影响社团行动目标的主要因素。这些因素包括：参与者的
年龄层次、社团的活动内容和政府部门的影响。其中政府部门的影
响是最主要的因素，它不仅直接影响到街道／居委会社团，也间接
影响到民间自发的社团。政府对于社团的影响体现在：对于街道／
居委会社团，政府决定了社团的行动目标，也因此决定了社团的组
织结构和活动模式，手段包括提供活动的场地、师资、表演和比赛
的平台等。而对于民间自发的社团，政府的间接影响体现在：政府
控制了绝大多数可以供民间社团的活动场所，并拥有支配权，可以
优先分配给它所希望给予的社团；政府还可以通过媒体宣传等方式
影响社团的知名度，从而影响其社会生存空间和获取资源的能力。

以上是基于具体事实的分析。但是在了解了具有不同行动目标
和模式的城市社区群众文娱社团，以及造成这种差异的原因之后，
又自然地引向了另一个问题，即政府与民间社团关系的深层原因。
而对这个深层原因的分析，必须转向克利福德·格尔茨所言的“文
化的脉络”。这个脉络我理解为国家和民间社会的关系。当前政府
和民间社团的种种关系，只有在“国家与民间社会的关系”，就本
书的主题具体来说是“国家与民间社团的关系”这个脉络中才能被
真正理解。因此，接下来我转向对相关史料的收集和分析，以证明

国家与民间社团之历史变迁是有着内在的连续性和逻辑性的。

首先，国家就是出于对社会的统治需要而诞生的，所以它有着控制民间社会的内在动力。传统社会，由于生产力水平、技术水平的局限，国家对民间社会的统治只能通过乡绅集团和民间组织的中介间接达到。而随着中国向现代国家转型，国家机器对于民间社会的控制也日益加深。其次，中国传统社会是家国一体，国家和民间组织的关系并不是对立的，国家对民间组织是既利用又限制，而总体上民间组织是依附于国家的。因此，1949 年之后，中国共产党继续把开展群众文娱活动和组织群众文娱社团作为开展各种政治、社会运动的手段途径。在单位制时代，国家对于民间社会，包括个人文化娱乐活动及社团都进行了组织，使得整个社会从上至下，方方面面都呈现出政治化、组织化的色彩。1978 年之后，国家虽然从很多领域退出并鼓励民间社团一定程度的发展，但是一旦意识到民间社会潜在的问题后，马上调整了政策，对于民间组织、社团采取了加强管理的方法，对于不同的社团采取不同的对策。民间社团尽管受到很大的限制，但都是积极的行动者。民间社团一方面接受政府的管理、遵守法律底线，同时有很大的主观能动性。不同行动目标的社团根据自己的情况采取不同的措施，比如融入政府群文体制或者和政府部门合作等。而对于一些边缘社团来讲，在不越过法律底线的情况下，创造出自己的空间。

二、对政府与社区群众文娱社团关系发展的展望

基于对国家与民间社团关系的理解，我们可以推断如下：

第一，在相当长的时间内，政府对于民间社团的控制总体上会继续加强。

第二，政府对于民间社团的控制手段会多元化，在分类控制的

基础上，对大多数社区群众文娱社团以间接的控制为主，主要方式是影响舆论、控制资源和培养代理人。

第三，民间社团也会不断成长，不仅体现在数量的增长，还表现为社团形式和行动方式的多元化，这是随着经济、社会不断发展的一个必然结果，即人的需要不断地分化、细化。结果就是民间社团也随之不断分化、细化。

第四，群众文娱社团虽然以文化娱乐为主要目的和活动内容，但是文化是一个整体，娱乐性成分和政治性成分可能会联系起来。目前中国基层社会的民间社团还在发展的初期阶段，大多数社团满足于纯粹娱乐性目的，但是随着社团的发展和成熟，早晚会涉及政治、宗教等一些敏感的领域。同时，现在的年轻人有着很强的自我意识，又有网络作为活动平台，当这些人成为民间社团的主体时，必然和现在社区里的中老年人社团有很大的不同，政府如何应对将成为一种考验。

三、研究社区群众文娱社团的意义

在对民间社团的大量研究中，社区群众文娱社团往往是被忽视的，因为这些社团被认为不过是"唱唱跳跳"，所以似乎是"可有可无"。另外，这些社团都是人们为了满足自己的娱乐需要，并不指向公共领域，所以对社会没有太大的影响力。不过只要留心观察一下就可以发现，从 20 世纪末起，中国民间社团呈现出爆炸式的增长，其中社区里的各种群众文娱社团占了很大的比重，很多对社区的调研都证实了这一点。能够正确描述、分析、理解一个客观存在的现象，本身就是研究的意义所在，更何况它拥有如此庞大的数量，并且有继续增长的趋势。还有一点，目前中国全国性的、跨地区或地区性的民间社团很多有官方的背景，所以其实这些并非真正的"民间"的社团，以这些准官方或半官方的民间社团为对象来研究中国民间社团，往往会产生偏差，反而那些在基层社区里的群众社团，更接近真正意义上的民间社团，所以研究这些社团对于整个民间社团的研究是很有必要的。

研究社区群众文娱社团的第二个意义，在于"以小见大，以局部窥整体"地认识中国国家与民间社会的关系。在社会学中，"国家与社会"的理论框架是一个经常被使用的分析工具，不过"国家与社会"的框架比较宏观，往往着眼于大处，但是社会是复杂的，历史是曲折的，仅从宏观入手往往在分析具体问题时显得僵化而粗略，解释力受到限制。因此，本书从具体的社团入手，从一类普遍存在的基层社团入手，抽丝剥茧，寻踪问路地扩展到国家与民间社团的关系，把微观层面的具体情况和宏观层面的基本格局、关系联系起来，能够更贴近中国国家与民间社会的真实状况，对两者的关系有更为全面、客观的认识。

最后，在现实层面，研究社区群众文娱社团也可以为政府今后的决策提供一些理论上的参考。既然政府已经认识到社区群众文娱社团对开展社区建设、对稳定基层社会的重要意义和价值，那么对这些社团的分析研究将有助于政府今后的决策和行动。

第二部分

2010 年至今上海市群众文娱社团和文娱活动的发展状况

第一章

总体情况

一、2010—2019 年：快速发展时期

2010 年到 2019 年是我国公共文化事业及群众文娱社团的快速发展时期。我国基层社区的群众文娱活动和文娱社团在新中国成立后的几十年间总体呈逐步发展的态势，1978 年之后一段时间，由于侧重经济发展，加上政府财政经费比较紧张，对于公共文化事业的投入是比较少的，基层社区的群众文娱社团总体上是自娱自乐、自生自灭的状态。2001 年后国民生产总值连年高速增长，使得政府有较为充裕的财政收入。同时，政府也逐渐意识到群众文娱活动和文娱社团的重要性，它是公共文化事业的一个重要组成部分，也是基层治理的一个重要环节。随后国家从法律、政策、经费、人事等各个方面加大对公共文化事业的投入，将公共文化服务纳入到国家的国民经济和社会发展五年发展规划中，并制定一系列法规规章，提出具体的、定量的指标要求，这大大促进了各地基层社区的群众文娱活动和文娱社团的发展。

2011 年，党的十七届六中全会通过《中共中央关于深化文化体制改革推动社会主义文化大发展大繁荣若干重大问题的决定》，提出"构建公共文化服务体系"。2013 年，党的十八届三中全会首次提出"构建现代公共文化服务体系"。2015 年，中共中央办公厅、国务院办公厅印发公共文化建设纲领性文件

《关于加快构建现代公共文化服务体系的意见》，并附《国家基本公共文化服务指导标准（2015—2020 年）》。①

上海在公共文化事业和群众文娱社团的建设方面是走在全国前列的。早在 2006 年，《上海市国民经济和社会发展第十一个五年规划纲要》就提出，要建立"基本覆盖全市的公共文化服务体系"，重点明确要"完成基本覆盖本市的社区文化活动中心和一批社区信息苑建设"。随后，2011 年《上海市国民经济和社会发展第十二个五年规划纲要》提出，要提升公共文化服务水平，具体包括"加强公共文化基础设施建设""丰富公共文化服务内容""广泛开展各类群众文化活动"等。2016 年《上海市国民经济和社会发展第十三个五年规划纲要》提出，要增强城市文化软实力，包括建设现代公共文化服务体系和文化市场体系，加强多层次公共文化供给，基本实现全市社区文化活动中心专业化管理等。

2015 年，上海正式发布《上海市贯彻〈关于加快构建现代公共文化服务体系的意见〉的实施意见》，提出率先建成现代公共文化服务体系的总目标。同时印发的《上海市基本公共文化服务实施标准（2015—2020）年》中提出 39 项具体的指标要求。

2019 年底，上海正式宣布基本建成现代公共文化服务体系，即形成市、区、街镇、居村四级公共文化设施网络，基本实现"中心城区 10 分钟、郊区 15 分钟的公共文化服务圈"目标，人均公共文化设施建筑面积从"十二五"末的 0.15 平方米增加到 0.2 平方米。第三方满意度测评综合得分达到 90 分。②

根据《上海年鉴》提供的数据，我们可以看到上海市群众文艺活动场馆的总体数量基本稳定在 240 个左右，按照全市 107 个街道、

① 黄凯锋主编：《现代公共文化服务体系建设——上海的实践与思考》，学林出版社 2017 年版，第 24 页。
② 《打通"最后一公里"，上海基本建成现代公共文化服务体系》，载第一财经网，2020 年 1 月 13 日。

106 个镇（2022 年数据），已经达到每个街道、镇拥有至少 1 个文化站。而全市开展的文艺活动的次数，2019 年相比 2010 年几乎翻了一番，文艺活动主要在街道、镇的文化站开展，占比超过 80%。

2010—2019 年上海市群众艺术馆和文化馆（站）的数量

年　份	群众艺术馆	文化馆	文化站	合　计
2010	1	26	213	240
2011	1	26	214	241
2012	1	26	213	240
2013	1	25	213	239
2014	1	24	213	238
2015	1	24	212	237
2016	1	23	213	237
2017	1	24	213	238
2018	1	24	214	239
2019	1	23	218	242

2010—2019 年上海市群众文艺活动开展数据（次）

年　份	群众艺术馆	文化馆	文化站	合　计
2010	161	4 807	30 632	35 600
2011	71	3 933	27 349	31 353
2012	50	3 421	28 880	32 342
2013	347	3 396	33 454	37 197
2014	3	3 441	45 281	48 725
2015	—	7 968	56 425	64 393
2016	25	10 701	67 283	78 009
2017	24	7 454	47 825	55 303
2018	25	8 642	61 282	69 949
2019	25	12 794	63 113	75 932

除了群艺馆、文化馆和文化站开展的群众文艺活动，上海办得比较好的群众文化活动是上海市民文化节，该活动于 2013 年首办，经过 10 年的发展，已经成为上海公共文化的一个品牌活动。上海市民文化节从初始就立足于社区，2013 年的开幕活动是以"社区服务日"的形式开展的。整个活动以覆盖全市 200 多个社区文化活动中心为主要阵地，有 700 多支市民文化团队参与。到 2019 年，上海市民文化节组织了近千场活动，其中的市民舞蹈（广场舞）大赛、市民合唱大赛中有大量社区群众文娱社团参与。①

二、2020—2022 年：新冠疫情影响下的困难时期

2020—2022 年暴发的新冠疫情不管对政府部门还是对普通老百姓都是突如其来的冲击，疫情的大规模流行长达三年，完全出乎所有人的意料。政府原本制定的很多发展规划、工作计划被打断，工作重点不得不转移到防疫抗疫上来。而民众面对新冠这种传播力极强的传染病，出于健康考虑也大大减少了外出和参加聚集性活动的频次。2022 年 3 月到 5 月底，上海长达三个月的严格封控对所有人的生活都造成极大的影响，群众文娱活动和社团活动都受到很大的冲击。这三年可以说是线下活动时断时续，大部分时间处于暂停状态，而线上活动从疫情初期的紧急应对逐步变成常规操作，从形式到内容都有很大的发展。

2020 年 1 月 20 日，国家卫健委确认上海首例新冠肺炎确诊病例，1 月 24 日除夕，上海启动重大突发公共卫生事件一级响应机制，全市公共图书馆、美术馆、博物馆、公共文化馆、社区文化活

---

① 《上海市民文化节书写人民城市文化答卷》，载中华人民共和国文化和旅游部网站，www.mct.gov.cn/qgwhxxlb/sh/202303/t20230331_941057.htm，2023 年 3 月 31 日。

动中心、歌舞娱乐场所、游艺娱乐场所等文化旅游设施实行闭馆或停止开放。3月2日，上海市教委决定大中小学开展在线教育。

　　3月24日，上海将重大突发公共卫生事件应急响应级别调整为二级响应，5月9日又下调至三级响应。3月，上海市文化和旅游局制定《上海文化和旅游行业新冠疫情防控工作指南汇编》，其中《上海市公共图书馆、文化馆（社区文化活动中心）、旅游服务咨询中心新型冠状病毒性肺炎疫情防控工作指南》提出，有条件地允许部分场馆和活动的恢复，但是明确指出"在新冠疫情期间不得举办线下讲座、培训、演出、比赛等人员聚集活动，并要求持续做好线上服务，为群众提供优质公共数字文化内容"。根据文旅局的文件精神，各社区文化活动中心从3月开始陆续地、部分地恢复开放，最先恢复的是图书阅览、陈列展览、影视放映和部分体育活动建身项目，而舞蹈、声乐等社团活动则是较晚恢复的。

　　2020年下半年，上海进入常态化的疫情防控阶段。上海市群众艺术馆从9月1日起全面恢复开放，随后其他的文化馆和社区文化活动中心开始陆续地恢复全面开放，政府的公共文化配送服务也逐步恢复线下配送。尽管如此，在防疫的大前提下，政府对于进入公共文化场馆和组织人员聚集性活动提出了严格的要求，例如"控制人数、提前预约、随申码绿码、测量体温等"。因此线下的群众文娱活动和文娱社团的活动虽然逐渐恢复，但相比疫情前，其数量和规模仍然受到很大的影响。

　　另一方面，虽然线下活动受到很大的影响，线上活动却得到很大的发展。根据《上海年鉴》2021年的数据，2020年上海全年共举办8万余项活动，吸引3 000多万人次参与，这其中很多是线上活动。比较有代表性的是当年的上海市民文化节。3月28日，市民文化活动日在线上进行，截至当天的22点整，文化上海云平台及13区子文化云平台的总浏览量达到10 090 038，总点赞量3 131 764，总转发量924 606。市民文化节的一个版块——中外家庭戏剧大赛的初赛是在线上进行的，有 600 余组家庭参加了比赛。另一项活动市民舞蹈创作大赛启动之时正值疫情暴发期，广场舞团队成员无法排舞，主办方就邀请各地专家开展线上大师班培训。①

2021 年 1 月 1 日起《上海市公共文化服务保障与促进条例》正式实施。该条例规定各级人民政府要鼓励、支持开展群众性文化活动。鼓励并扶持建立各类自我教育、自我管理、自我服务的群众性文化团队，引导群众性文化活动健康、规范、有序开展。社区文化活动中心等公共文化设施的管理单位应当为群众性文化活动开展提供业务指导、艺术培训、信息咨询以及设施使用等服务等。

2021 年上海本地的疫情总体控制得比较好，零星的疫情通过快速流调和小范围封控解决，对大部分老百姓的工作生活的影响不大。在这种情况下，上海市民文化节 2021 年全年组织了 50 000 余项活动，惠及 2 000 多万市民（人次）。②

根据《上海年鉴》官网和《上海统计年鉴》③发布的统计数据，2019 年到 2021 年上海市全年开展文艺活动的数量（次）如下：

	群众艺术馆文化馆	文化站	合　计
2019	12 819	63 113	75 932
2020	4 956	35 279	40 235
2021	6 421	48 231	54 652

2022 年上半年，上海疫情再次暴发，3 月 28 日起浦东开始封控，四天后的 4 月 1 日浦西开始封控，整个封控一直到 5 月 31 日才结束。这期间全市的社区文化活动中心、居村综合文化活动室全面闭馆，所有的线下活动都中止。从 3 月 5 日起市级文化配送活动

---

①② 《过去的一年里，上海市民文化节的十二个炫目瞬间》，载上海市民文化节公众号，2021 年 1 月。

③　上海市统计局：《上海统计年鉴 2022》，中国统计出版社有限公司 2022 年版，第 478 页。

整体延期，各区文化配送也陆续暂停。2022 年线下公共文化服务采购暂停。

好在有了之前两年，尤其是 2020 年的经验，线上活动继续开展，一部分线下活动转为线上举行。上海市民文化节一般都是每年3 月启动，2022 年因为疫情被推迟到封控结束后 6 月才启动。文化节的知识竞赛、写作、摄影、演讲、沪语等七大赛事全部改为线上启动。

2022 年 5 月 25 日，上海市文化和旅游局发布《上海市文旅场所严而有序恢复开放工作指引（试行）》，之后又分别于 6 月20 日、7 月 18 日和 11 月 23 日发布《上海市公共图书馆、文化馆（社区文化活动中心）、旅游咨询服务中心新冠肺炎疫情防控工作指南》的第一版、第二版和第三版。文旅局要求各场馆在抓好疫情防控的同时灵活有效开展公共文化服务，要求各场馆要重点加强在线内容的提供。对于线下活动，文旅局要求"在加强疫情防控和确保安全的前提下，可根据本地区群众需求，开展形式多样、规模适当的阅读推广活动、群众文艺活动、文化培训辅导、展览展示和旅游咨询等服务，严格遵守疫情防控动态调控机制，确保正常举办的公共文化活动防疫安全、规范有序"。然而上海下半年一直有局部的疫情发生，奥密克戎极强的传播力使上海无法像 2021 年那样地快速清零。疫情成了笼罩在所有人头上的乌云，健康和生存在这一时期成为人们首要的考虑。

虽然上海市群艺馆和区群艺馆、文化馆在下半年逐步恢复开放，比如上海群艺馆 7 月 18 日恢复开放，浦东新区群众艺术馆 8月 2 日恢复开放，闵行区群众艺术馆 8 月 9 日恢复开放，普陀区文化馆 8 月 17 日恢复开放，但是绝大多数街道社区的文化活动中心实际上处于关闭状态。

11 月 11 日，国务院联防联控机制综合组公布《关于进一步优化新冠肺炎疫情防控措施科学精准做好防控工作的通知》，12 月 7

日又公布《关于进一步优化落实新冠肺炎疫情防控措施的通知》。这标志着国内新冠疫情防控政策的大转向。接下来从 2022 年 12 月到 2023 年春节前，新冠快速地在国内传播了一遍，老年人是高危人群，在这种情况下，除了一些线上的活动，其他线下的活动都处于停止状态。

三、2023 年后：恢复与再发展时期

2023 年 1 月 8 日起我国对新冠感染实行"乙类乙管"，这宣告新冠在中国大范围流行传播基本结束。乙类乙管后，过去三年中实行的对人们出行、聚集的种种限制也逐渐取消，整个社会生活都在慢慢恢复的过程中。但是三年的影响并不是一夜之间就可以消除的，虽然新冠大流行过去了，但是新冠并未从人间消失，也存在再次大规模传播的可能性。因此，人们的心理受到新冠疫情怎样的影响，他们参与公共文化活动的行为模式是否有所改变，这些因素都会影响到今后群众文娱活动和文娱社团的发展。

上海市群众文化艺术馆和区级的群艺馆、文化馆在 2022 年下半年已经逐步恢复开放。随后街道社区的文化活动中心和居委会文化活动室在春节后逐步地恢复开放。到 2023 年 2 月下旬，各区文化活动中心（含分中心）已开放的共 240 家，开放率达 94%。

2023 年 3 月 28 日，上海宣布第十届上海市民文化节正式开启。这标志着上海的公共文化生活、公共文化服务终于恢复到疫情前的状态。根据上海市群艺馆的信息，疫情后市民的文化需求井喷，2023 年第一季度，市级公共文化配送预计面向全市 16 个区配送各类活动 738 场，其中文艺演出共 348 场，包括 112 家供给主体提供的 196 个演出剧目。全年日常计划配送文艺演出 1 249 场，艺术导赏 225 场，展览展示 274 场，特色活动 818 场，文化微游

206 场。①

2021 年，上海发布《上海市国民经济和社会发展第十四个五年规划和二○三五年远景目标纲要》。与"十二五"和"十三五"规划相比，"十四五"规划对公共文化服务部分的表述发生比较明显的改变，规划中不再单独提到群众文艺活动和文艺社团，而是将其融入第二部分"城市精神品格"、第七部分"文化体育惠民"、第八条"文化、旅游与数字技术融合"等部分。

规划指出，"十四五"时期的一个经济社会发展主要目标是让人民群众生活更有品质，其中包括让城乡基本公共服务更加普惠均衡、便利可及。数字化、高品质、个性化公共服务供给更加丰富多样，各项民生福祉达到新水平。另一个主要目标是让城市精神品格更加彰显，其中提到要让公共文化服务体系和重大文化体育设施布局更加完备。

在第七部分"弘扬城市精神和城市品格，提升国际文化大都市软实力"中，提出要推进公共文化服务高质量发展，要优化完善立体均衡的公共文化体育设施布局，促进公共文化产品更丰富、配送更精准，提升文化惠民的供给水平和服务效能。要深入推进文化体育惠民。实施基础文化设施更新与提升计划，鼓励建设综合性文化体育类设施，完善基层公共文化服务网络，共同建好家门口的文化客厅和休闲运动好去处。创新各级公共文化体育配送内容与模式，提升供需对接的全方位、精准化服务，大力支持各类社会资本、社会组织参与文体设施建设、经营文体活动，提升服务水平和供给效能。

第八部分"全面推动城市数字化转型，加快打造具有世界影响力的国际数字之都"中，提出要推动文化、旅游与数字科技深度融合。推进文化设施数字化更新，实施基层公共文化设施"更新计

---

① 钟菡：《打通"社会美育最后一公里"》，上观新闻 2023 年 2 月 22 日。

划"，不断提升公共文化服务智慧化水平，提高数字公共文化产品和服务品质，拓展公共文化服务应用场景。

2019 年底，上海宣布基本建成公共文化服务体系，建成了十五分钟公共文化圈。这说明上海公共文化服务基础设施的大规模建设已经完成，文化站的数量保持稳定。接下来进入完善和提升阶段，硬件上是优化调整，内容上是提高质量，追求更丰富多元，并且精准配送。另外很重要的一点是数字化，疫情让大家意识到线上提供公共文化服务的必要性，也培养了大众使用线上服务、参与线上活动的习惯，随着短视频、直播等数字化技术不断发展成熟，线上的体验越来越好，未来进入元宇宙，线上线下不断融合是群众文娱活动和文娱社团发展的一个大趋势。

第二章

案例研究

一、海燕博客和都市原点剧社 ①

（一）海燕博客

海燕博客最早是施海燕 2006 年 4 月 1 日在新浪博客上注册的个人博客名，当时她的身份是上海市黄浦区南京东路街道办事处团工委书记。为了开展"两新组织"党建、团建工作，她打算以社区中商务楼宇中的白领为对象，组织一次旅游活动。为了招募参与者，她只身一人到辖区内的商务楼宇"扫楼"发单子，招募到 48 个人。当时活动搞得很成功，施海燕在自己个人的 MSN 空间写了一段日志，并且贴了活动照片，引来大家热烈的跟帖。施海燕就在这个基础上开展活动，从娱乐性活动发展到公益性活动，在这个过程中逐步吸纳越来越多的成员，这就是海燕博客的前身。后来博客兴起，施海燕就在新浪博客上注册了用户，取代了 MSN 空间成为当时社团网络活动交流的主要阵地。新浪博客上的海燕博客博文已不对外开放，但仍可以看到主页面显示全部博文 659 篇，有 15 个子社团。

---

① 以下章节中海燕博客和都市原点剧社的所有数据和活动信息均来自网络公开资料。

后来微博逐渐取代了博客，成为年轻人最常用的平台。于是2010年11月7日，施海燕又在新浪微博上注册了用户，根据页面显示，她当时到了上海市黄浦区侨务办公室工作。新浪微博上的海燕博客显示有粉丝1万，全部博文5 707篇，能搜到最早的帖子发布于2011年1月25日，最近的帖子发布于2022年5月29日。2013年起，海燕博客转战微信公众号，从2013年3月13日第一篇推送到2023年4月30日的十年间，一共发布了2 953篇文章。2020年抖音和小红书账号"海燕博客"、"海燕博客er"开通了。抖音账号至2023年4月共发了35个短视频，第一个是2020年3月9日发布的"西装男士"，最新的一个是2023年4月30日发布的"阅读大会"。抖音账号至2023年4月，一共有1 209位粉丝、278个点赞。小红书账号"海燕博客"有5条笔记、39个粉丝、34个点赞，"海燕博客er"有10条笔记、20个粉丝、54个点赞。

2012年7月，海燕博客正式注册为民办非企业单位，全称是上海市黄浦海燕博客公益发展中心，注册地址是普育西路的上海公益新天地。

2020年新冠疫情暴发后，海燕博客组织了线上活动"书声""梦想戏剧节""拯救斑马线""不是奇葩也要说"，打造了新的品牌项目"社会组织赋能营""青年智谷——白领成长计划""跨年阅读大会"等。

2021年4月18日，海燕博客在上海公益新天地举办"凝心聚力守正创新"——"海燕博客"新空间揭幕仪式暨十五周年回顾展。新空间位于普育西路的上海公益新天地内，诞生于网络的海燕博客拥有线下固定的活动空间。到2021年底，海燕博客一共有20个子社团，涵盖文化、艺术、青年成长、环保、体育、电竞、亲子、普法、社区治理、参政议政等多个领域，拥有线下活跃会员3万余名，影响力辐射数千万人次。2021年举办活动600余场。

2022 年上半年，受疫情影响，海燕博客只能在线上开展活动，包括讲座、阅读、沪台青年 Vlog 大赛，都市原点剧社的线上剧本阅读会、广播剧、短视频等。下半年组织了一些线下活动，包括 7 月的国潮年轻力大会，9 月的"元·创联盟"成立仪式，10 月的"青年智谷"第三季、"Mini MBA"公益学习项目、第一届"沪上白领"脱口秀大赛，12 月的"自由·向尚"创新坊等。阅读大会、东方雅集、海韵旗袍会等活动则是通过线上线下相结合的方式进行。

2023 年春节后，各种线下活动逐渐恢复，包括阅读、讲座、培训、工作坊、户外走读等。4 月 23 日是世界读书日，海燕博客于 4 月 22 日在淮海路 TX 年轻力中心广场举办首届"阅读大会文化节"多元阅读宇宙市集，活动融合图书交换公益活动、主题演讲、体验式工作坊、纪录片放映等多种形式。

（二）都市原点剧社

都市原点剧社是海燕博客最早成立的子社团之一。它是沪上第一家白领话剧社。2009 年后剧社的主要创作和演出活动如下：

2009 年，原创话剧《面具·默》《面具·默 2》，该剧基于白领们的真实生活环境，表现了白领们在生活中戴着各种各样的面具感到疲惫不堪却缺少脱下面具展示自己真实面容的勇气，反映了白领们的心声。

2010 年 7 月，在人民广场武警一支队会议室为武警战士带来一部自编自导的惊悚悬疑话剧《目击者》。同年，还结合迎世博主题演出《海派麻辣烫之"左行右立"》。

2011 年 11 月、12 月，原创大戏《兰花儿盛放在皇后街区》，讲述华人留学生在外求学打拼、为梦想而奋斗的故事。该剧分别参加了第十三届上海国际艺术节和海上侨韵——第二届上海侨界艺术节话剧专场。演出地点为上海新光影艺苑和上海话剧艺术中心。

2012年，联手IBM上海志愿者协会及中国女性抗艾网络共同制作《十月十八阴转晴》，12月，为迎接第25个世界艾滋病日和第27个国际志愿者日在新光影艺苑首演。2013年7月，《十月十八阴转晴》在黄浦区卢湾青少年活动中心演出。8月，参加"防艾励志剧走进黄浦社区［红丝带］"活动，在黄浦区打浦桥社区文化中心演出。之后该剧又在"同心挚爱，情系浦江"黄浦区统一战线志愿者服务队成立仪式上演出。

2013年4月，在马兰花剧场上演环保主题的儿童短剧《末日狂想——开普勒星球》，该剧是剧社为DHL公司的宝宝俱乐部制作的作品。

2013年6月，在黄浦区卢湾青少年活动中心演出经典话剧《捕鼠器》。

2014年，剧社联合黄浦区第二文化馆创作了《梧桐树下的沉思曲——思南公馆的故事》，该剧是上海开埠170周年献礼作品，1月和3月在上海新光影艺苑演出。

2014年8月，参加对南京路上好八连慰问演出，演出话剧《收信快乐》。

2014年9月，在黄浦剧场演出创作话剧《时间都去哪儿了》，该剧为黄浦区妇联的第三届邻里节、家庭文化节专门打造。

2014年10月，在上海黄浦剧场演出原创话剧《兰花儿之窗台上的芬芳》，该剧是2011年《兰花儿盛放在皇后街区》的第二部，讲述这群年轻人留学归国之后的经历，表现归国华人华侨和留学生群体的"中国梦"。

2016年，由海燕博客公益发展中心和黄浦区文化馆发起上海市梦想戏剧节，目的是希望为沪上的非职民间剧团搭建一个交流互动的平台，促进剧社间的交流合作，推动民间戏剧的发展。都市原点剧社作为发起方和承办单位，邀请爱演戏、友缘剧社、打浦桥乐艺剧社、白领驿家壹个剧社、茄子脱口秀等多个民间戏剧团体参与，并共同组建了一个剧团联盟。在梦想戏剧节上，都市原点还推出新品牌"梦想养成计划"和"梦想训练营"。2016年5月7日晚，上海市首届梦想戏剧节在白玉兰剧场拉开帷幕，剧社演出话剧《梧桐树下的沉思曲——思南公馆的故事》和原创古装剧《居留》，这也是给剧社成立十周年的献礼。

2016年10月，参与上海市民文化节黄浦区"区县周"展示活动、第六届上海公益伙伴日黄浦"公益四进"活动，在瑞金二路街道文化活动中心和白玉兰剧场演出经典话剧《青春禁忌游戏》。

2017年1月，在白玉兰剧场演出年度大戏《和平饭店》，该剧由黄浦区文化馆的李海艇编剧，上海戏剧学院的姜涛担任导演。

2017年5月，在第二届上海市梦想戏剧节上，社演出原创的改革开放四十周年献礼大剧《我们的父亲母亲》。8月，参加戏剧节延伸项目——第二季"梦想养成计划"短剧展演，在上海市白玉兰剧场上演了7个短剧。当天同时举行的是与海燕博客旗下另一个社团海悦荟一起合作的"七夕"主题定向活动。

2017年11月和2018年2月，和海燕博客旗下另一个子社团海悦荟一起举办两期8小时戏剧挑战暨"嗨约会"定向活动。

2018年5月，第三届上海市梦想戏剧节在白玉兰剧场开幕，开幕大戏是剧社的原创大戏《我们的父亲母亲》。同月，进行第三季"梦想养成计划"短剧展演。

2019年5月，第四届上海梦想戏剧节上，在黄浦剧场演出话剧《1977》。该剧编剧是上海话剧中心著名编剧喻荣军，导演是上海话剧艺术中心的王萌悦。

2019年6月，剧社的原创话剧《石榴花开》在黄浦区白玉兰剧场演出。该剧讲述了民族团结和上海援疆干部的故事。编剧是新疆作协会员马金林，编剧、编舞邀请了少数民族同胞。演员除了剧社成员外，还有很多少数民族"素人"演员，并得到上海耶里夏丽歌舞团和黄浦区民族联明珠之星舞蹈队的帮助。

2020 年 8 月，黄浦区第三届职工文化艺术节展演作品暨第五届上海市梦想戏剧节在黄浦剧场开幕，开幕大戏是剧社演出的《复兴号》。该剧讲述铁路世家的祖孙三代人为中国铁路事业奉献全部青春和热血的故事。该剧得到国家一级编剧王立信的授权，并得到上海戏剧学院表演系教授张晓明及原剧导演韩毅君的专业指导和支持。

2020 年 2 月，与上海人民大舞台火线合作出品抗疫广播剧《母子兵》《团圆饭》等，与黄浦区司法局联手原创《封·城》三部曲，多部作品登上"喜马拉雅""学习强国"等平台。9 月，在"弘扬抗疫精神，祝福伟大祖国——2020 年'侨之夜'文艺晚会"上，演出原创多媒体诗剧《抗疫侨日记》，演出地点是上海大剧院。

2021 年，正逢建党百年，复演《石榴花开》。

2022 年上半年，受上海疫情的影响，只能通过线上方式开展活动，组织了 12 场线上剧读会，制作了《撞车》《长夜》《隐秘的角落》《我是路人甲》《无证之罪》《误杀》《少年的你》《世界上最疼我的人去了》《南京南京》《上海故事》等 13 部云上广播剧和短视频《西装男士》系列。

2022 年下半年，推出"戏剧梦想家"第二季之一年一度 xi 剧大赛，排演多部经典作品片段，并开始创排新话剧《被人遗忘的角落》。

2023 年 2 月，在公益新天地组织当年的第一次社团活动——8 小时戏剧创作日。

2023 年 9 月，承办第六届上海市梦想戏剧节。都市原点剧社、上海戏剧学院表演系、友缘剧社、我们爱演戏团队、音之魅诵读艺术团等参加戏剧节活动。

二、下河迷仓和草台班 ①

（一）下河迷仓

2004 年，王景国在上海龙漕路一个仓库中创办下河迷仓，是上海最早的非营利性质的戏剧排练、表演与交流的空间与平台。2005 年 11 月 16 日，下河迷仓原创俱乐部登记为民办非企业单位。下河迷仓是完全免费的，全部的成本由王景国负担，主要接纳实验戏剧的演出，对业余剧团零门槛开放，是民间戏剧界的标杆。

之后经过近十年的发展，下河迷仓已经从一个单一的民间戏剧交流平台，拓展成为跨门类的综合性文化艺术平台，拥有"概念艺术节""秋收季节""迷仓电影节"等一系列颇具影响力的文化活动。很多活跃的上海当代剧场艺术团体都是从下河迷仓走出来的，包括草台班、测不准戏剧机构、组合嬲等。

2013 年 11 月 27 日，戏剧导演臧宁贝发布微博：下河迷仓暂停营运，引起了众多戏剧人的一片哗然和感慨。暂停的原因是财力问题，王景国表示"交不起房租"了。他同时表示"暂停，不是关门"。但是一晃又是十年过去了，下河迷仓已经逐渐隐入尘埃，成为遥远的记忆。

（二）草台班

赵川 2005 年参加韩国光州民众戏剧节，第一次尝试用集体创作的方式做了一个戏，团队的成员觉得这个集体创作过程很有趣，希望继续保持下去，"草台班"因此而诞生。草台班不做营利性演出，成员都是没有职业戏剧背景的普通人。赵川带领团队每周末做

---

① 以下章节中下河迷仓和草台班的所有数据和活动信息均来自网络公开资料。

工作坊、读书会，有系统地对成员进行表演训练与锻炼，十年如一日地进行集体创作。尽管赵川一直是最终的统筹与导演，但团队没有明确的职位界定，每个人都贡献自己的创意与想法，直接介入创作，使得作品内容与形式非常饱满。

2009年上海首届"艺穗节"（Fringe festival）时，演出《鲁迅2008》，后来戏又到香港、台北演出。

"小社会"系列创作始于2009年初，主要关注路边行人、收废品者、乞丐、被驱赶者、出卖劳力或身体的人等社会弱势人群。2009年完成《小社会第一卷》和《小社会第二卷》，2011年完成新一版的《小社会》第一、二卷。

"世界工厂"系列缘起2009年赵川到英国曼彻斯特参加国际艺术节，他了解到曼彻斯特是第一个被称为"世界工厂"的城市，而当下中国已经成为新的世界工厂，经济高速发展的同时也引发了一系列的社会问题。草台班与工人团体合作，组织工作坊让工人自由讲述自己的故事，针对社会阶层之间的割裂问题创作了《世界工厂》。2015年又以苹果公司背后的产品生产为背景创作了一个延伸作品《苹果与月亮》。"世界工厂"系列于2014—2016年在深圳、成都等多个城市演出。2015年，草台班到深圳工业区做《世界工厂》的演出和工作坊，结束后有工人想把创作继续下去，于是在2016年中秋节成立了北门剧社，成员都是生活在工厂北门一带的工人。

2016年浙江义乌，演出《杂草》（根据鲁迅《野草》改编）的作品《杂草》。

2018年重庆歌乐山柴烧空间垚空间和浙江2018乌镇戏剧节演出《歌乐山》（戏剧节特邀剧目）。

2018年12月，西安美术学院和中国美术家协会实验艺术委员会联合举办"行动的主体：2018·中国（西安）青年实验艺术展"，其中一个板块以"社会实践组"为题，邀约近年来在各地城市与乡村开展在地艺术实践的 7 个艺术团体小组参加，其中之一是草台班演出《摔杯为号及"480"》。

2019 年 1 月，在北京演出《小萍的要求》，根据某 500 强企业流水线女工的真实故事，由北门工人剧社和草台班集体创作、共同排演。

2021 年 6 月，在上海那行零度空间上演《蛤蜊岛》，探讨疫情时代对人们的影响。"蛤蜊"是隔离的谐音。2021 年秋，赵川通过 A4 国际艺术家驻留项目来到四川成都麓湖开设"蛤蜊岛"社会剧场工作坊，创作并演出《蛤蜊岛·麓湖番外篇》。

2022 年 1 月至 9 月，在麓湖·A4 美术馆以"家园"为议题开设戏剧工作坊及呈现。11 月 11 日，作品《家园》在成都麓湖 A4 美术馆演出，票价为 100—288 元。

2022 年，线上线下相融合、探索青年议题的跨文化剧场实验剧《青年史》。《青年史》由瑞士文化基金会上海办公室支持，发起人赵川与多位外国艺术家合作组成联合创作及表演小组，开展跨线上线下的调研与创作项目。他们合作完成的实验性现场作品《青年史》，于 2023 年 4 月以线上线下并行的方式呈现。现场呈现由北京 UCCA 尤伦斯艺术中心（UCCA）和南京艺术学院美术馆（AMNUA）联合主办。

除了草台班的各种排练、创作和演出等活动，作为草台班的发起人，赵川个人也参加了其他访谈、讲座、沙龙等文化艺术活动，并出版专著。以下是网上公开的一些信息：

2015 年 8 月，应三星堆戏剧季组委会之邀，赵川在四川成都和德阳分别主持"《戏剧在民间》漫谈会"和"草台班与《世界工厂》"两场主题沙龙。

2020 年 1 月，中国美术学院雕塑与公共艺术学院邀请赵川作题为"表演，澄清与世界的关系——草台班剧场的思考与实践"的讲座。

2022 年 3 月 20 日晚，三联书店一苇书坊邀请赵川进行访谈，题为"迎对多重现实的剧场"，同时进行赵川的新书《不弃剧场》的签售活动。

……

三、百草堂

2010 年后，百草堂剧社的主要成员因为结婚、生子或者工作变换而渐渐淡出了社团。没有人组织，剧社的排练和交流活动就停止了，也不再参加上海民间戏剧界的各种活动。虽然有个别成员仍然从事或参与戏剧相关的活动，但是百草堂作为一个民间剧社已经名存实亡，或者说退化为一个纯社交的群体了。感谢现代社交媒体，社员们仍然可以通过 QQ 群、微信群保持联系至今。目前（2023 年）微信群"百草堂老友记"是社员们维系联系的主要渠道，有成员 21 人。成员们时而会在群里聊上几句，交流一下各自的近况，回忆当年剧社活动热火朝天的状况，看到当年演出照片，感慨时光流逝而自己离戏剧越来越远。一年中也有几次，部分社团成员会在线下聚个餐。大家期待着，等孩子都长大了，自己退休了，还可以重新聚在一起演戏。也许吧，谁知道呢？

四、静安寺街道社区文化活动中心

2018 年 7 月 6 日，习近平总书记主持召开中央深改委第三次会议，审议通过了《关于建设新时代文明实践中心试点工作的指导意见》，首次提出建设新时代文明实践中心。2019 年 10 月，中央将上海市长宁区、静安区、闵行区、金山区、崇明区等 5 个区纳入第二批全国试点县（市、区）范围。上海市委办公厅印发《关于建设新时代文明实践中心试点工作的实施意见》（沪委办〔2019〕44号），要求统筹整合党建（党群）服务中心、志愿服务（指导）中心、文化活动中心、工人文化宫、青年中心等各类阵地资源。2020年1月，静安区召开建设新时代文明实践中心试点工作推进会议，围绕"谁来做、做什么、怎样做"，在全区构建起新时代文明实践中心、分中心、站三级组织体系。

静安寺街道社区文化活动中心位于新闸路1855号1—3楼，建筑面积近3 200平方米。有社区团队45个。[①]

根据静安寺街道社区文化活动中心王丹青老师介绍，2020年1月上海启动重大突发公共卫生事件一级响应机制后，全市的公共文化馆、社区文化活动中心等文化旅游设施实行闭馆或停止开放。3月份下调为二级响应机制后，上海正式复工复产。那时候，社区文化中心逐步恢复开放，但是都增加了防疫的要求和措施，主要是对疫情重点地区来沪人员的隔离观察。到当年4、5月，上海的社区文化中心都恢复到正常状态。之后虽然其他城市有一些疫情暴发对上海有间接的影响，但总体而言，一直到2021年上半年，上海的防疫局势都比较平稳，社区文化活动中心的开放和社区群众文娱团队的活动并没有受到太大的影响。

2021年年中，南京机场的疫情及接下来中秋国庆期间因旅游人员的流动造成的疫情传播对上海造成了比较大的影响。最直接的影响是，由于很多人去外地旅游变成了密接、次密接，返沪后需要进行隔离观察，所以社区团队的活动时不时有人请假不能参加，对社区团队活动造成一定的影响。但当时社区活动中心的开放并未受到影响。

---

① 静安寺街道社区文化活动中心简介，载上海市静安区人民政府网站，2019年11月20日。

2021 年末，普陀区某社区文化活动中心内发生了人员聚集感染并传播的病例。针对这种情况，各个社区文化活动中心开始进行自查自纠，并逐步减少线下活动。

2022 年 1 月，静安寺街道愚园路上的某奶茶店发生了确诊病例，该奶茶店并列为中风险地区，整个辖区采取了更为严格的管控措施，而静安寺街道社区文化中心正好处在奶茶店所在的辖区内。春节过后，上海各地区开始不断地有确诊病例发生，当时采取的是"精准封控"的模式，被戏称为"九宫格"。到 3 月底，确诊人数不断攀升，上海不得不采取浦东浦西的严格封控模式，至此社区文化中心全部关闭，老百姓都在被隔离在家里，自然也不可能出来进行文娱活动。在封控期间，社区文化中心有一些线上活动的开展，比如上海市民文化节的戏剧比赛的初赛选拔改为线上进行。但社区文化活动中心层面开展的线上活动并不多。

2023 年 1 月 8 日，全国实施新冠"乙类乙管"后，社区的文化活动中心开始逐步恢复开放，当然各区县的活动中心恢复时间有先有后。2 月份，静安区某社区文化活动中心因迟迟不开放被批评，接下来各个活动中心都加快了恢复开放。

静安寺街道社区文化活动中心为落实新时代文明实践中心建设、进行社区党建中心和文化活动中心的融合，原本就计划在 2022 年进行综合改造，2022 年因疫情形势就将改建工程提前到 2 月份进行，但没多久因上海的封控只能停止施工，到 6 月份恢复施工。中心于 2023 年 5 月正式恢复开放。

五、公园绿地上的群众文娱活动和文娱社团

2023 年 5 月的一个周六上午，在徐汇区康健公园一个湖边亭子里面，一群老人和往常一样聚在一起放声高歌。这个社团是

2020 年自发成立的，除了风雨天气外，几乎每天都来这里唱歌，时间一般是早上的 9 点到 11 点左右。社团主要的成员有十几位，有好几位演奏乐器的，包括电子琴、二胡、新疆手鼓、笛子等。他们有一本自己印制的歌本，一共 122 首歌，只有词没有曲谱。这些歌曲大都是老歌和红歌，也有一些像《祝你平安》这样八九十年代脍炙人口的流行歌曲。这些成员都是家在附近的居民，一般早上的这个时间子女和孙辈们上班、上学去了，他们就过来唱一会儿，唱完了正好回家准备午餐。

康健公园的牡丹亭那里其实有一个已经活动了十多年的大家唱社团。现在这个社团是 2020 年后成立的，疫情结束后马上恢复了活动。除了大家唱，公园还有好几处跳舞的活动，少的不到 10 个人，多的有 20 多个人。两个社团挤在一块场地上，各放各的音乐，各跳各的舞蹈，居然也能自得其乐。而在公园侧门外的一个亭子里面，有三五位老人聚在这里，有拉二胡的，有唱戏的，咿咿呀呀也是开心得很。

康健公园里面的这几个群众自发形成自发组织活动的文娱社团是整个上海市基层社区群众文娱社团和文娱活动的一个缩影。过去的三年间，由于新冠病毒的高传播性，线下的聚集性活动受到很大的影响，因为群众文娱社团的主要参与者都是老年人，是新冠病毒的高危人群。然而，疫情刚过去不久，街头巷尾的这些绿地里面，公园的各处空地上，很快又涌现了大量参与活动的人群。唱歌的、跳舞的、打拳的、打球的……一切仿佛又回到了疫情之前，活动的人数并没有明显地减少，也几乎看不到有戴口罩的，而场地永远是紧张的。

在上海这样经济发达的大都市，人们参与文娱活动的需求和其他基本生存需求一样强烈。只要条件允许，人们就会去参加这样那样的健身、娱乐、社交活动。经济条件好的人们可以去参加商业性的活动，而对于大部分基层的普通老人，这些公园绿地里面的开放性的社团活动，是他们可以获得的最便捷、最低廉、几乎无门槛的资源。这些社团能维持多久，他们的活动质量有多高，这重要吗？我觉得不重要。重要的是这样的需求足够强烈，有需求的人口基数足够大，让这些人的这些需求得到满足，就已经达成了活动的目的。

第三章

分析与总结

一、强人模式：施海燕与赵川

施海燕，女，1975 年生。部队复员后到南京东路街道社区担任团工委书记，后来又调到黄浦区侨务办公室工作，目前（2023年）任黄浦区统战部副部长、侨联党组书记。获得 2008 年度"全国优秀共青团干部"荣誉。

赵川，男，1967 年生。年轻时科班学习绘画和摄影，后来写小说，也做过艺术批评、艺术史研究、电影编剧等；曾在澳大利亚生活十几年并拥有澳大利亚国籍，回中国后从事非营利的社会剧场活动，最知名的就是创办了名为草台班的民间剧团以及与之相关的一系列社会剧场的实践活动。他出版的书籍有《上海抽象故事》《不弃家园》《鸳鸯蝴蝶》《海外·人》等，曾获 2000 年澳大利亚国家文学创作基金，中篇小说《鸳鸯蝴蝶》获 2001 年台湾联合文学小说新人奖首奖。

施海燕和赵川，一个是体制内从事宣传和统战工作的中共党员，一个是留洋归国在体制外从事民间戏剧和社会剧场活动的自由艺术人。如果把这两个人放在一起比较，恐怕他们本人也不愿意吧！然而通过对施海燕的海燕博客和都市原点剧社、赵川的草台班剧团及其社会剧场活动近二十年发展轨迹的梳理，我认为从某些角度看，两者有着惊人的相似。

　　首先这两者给人最深的印象是"超长"存活时间。海燕博客和都市原点剧社始于 2006 年，草台班始于 2005 年，几乎是同时期成立的，并且都一直延续到了当下的 2023 年。2000 年后成立的很多民间剧团剧社都已经解散、消失了。像这样能够持续近二十年，经历三年疫情仍存活的民间社团，不是普遍现象而是特殊个案。像百草堂这样的自发形成、自我组织，随着成员年龄增长、需求变化、人员流动而自我解体的民间社团才是大部分，是普遍现象，是必然结果。

　　其次，这两者的"履历"和取得的成绩也是很惊人的。都市原点的标签是中国大陆第一个白领民间话剧社，它所获得的各种资源、媒体关注度和荣誉应该是国内的天花板了。而草台班是标签是上海非营利、非商业民间剧社的标杆，参加乌镇戏剧节和多个国际性的文化艺术项目，这也并非一般的民间剧社可以达到的。

　　最后，这两者经过十七八年的发展，虽然做的是非专业、非商业戏剧，然而其运作都越来越"专业化"。上海戏剧学院教师郭晨子在《又逢草台班——〈蛤蜊岛〉观后》[1] 中评价道："业余"的草台班呈现的仍旧是"专业"的戏剧。"业余"对草台班来说，是拒绝体制的收编和商业的收买，是自由状态的保有和保持；而其专业性在于，无论在什么条件下、在什么环境中演出，他们都制造了一个"场"：这个"场"是《世界工厂》中工业革命造成的人类生活大变局和农民工的个体感受之间的张力……这个"场"是公共的，呈现公共事件和公共记忆，引发公共讨论，是剧场之所以存在的价值和理由之一。从确定主题，招募非职业素人演员，到调研收集资料、集体创作，到现场演出以及之后的演后谈，草台班的工作方式保持多年，已经非常熟练和专业。

---

[1]　郭晨子：《又逢草台班——〈蛤蜊岛〉观后》，《戏剧与影视评论》2021 年 9 月号（总第 44 期）。

2016 年，海燕博客和都市原点剧社策划发起首届上海市梦想戏剧节，并推出"梦想养成计划"和"梦想训练营"，迄今已经举办了六届。举办上海市梦想戏剧节的目的是联合沪上主要的民间剧社进行交流和展示活动，"梦想养成计划"是由都市原点剧社提供平台，帮助参与者创作和排练戏剧，孵化、帮助其他的民间剧社。作为非职业的民间社团，都市原点正在逐步转型为沪上民间剧社的引领者、民间剧社演出交流的平台和枢纽、民间剧社的孵化培育者，并希望将上海市梦想戏剧节打造成品牌项目，这种发展运作已经是专业级别的了。

以上提到的都市原点和草台班，虽然其戏剧创作活动的内容形式大相径庭，但是他们都能保持长时间发展的生命力并取得各自领域相当高的成就，最重要的因素，也是最大的共同点是，这两者都是"强人"模式。都市原点和草台班这两个剧社生存、发展和成功离不开施海燕和赵川这两个"强人"。所谓强人，并非指外在行为的强势，也与个人的知识背景和政治立场无关，而是拥有明确的目标，并意志坚定地通过长时间行动去达成目标。

二、目标明确：资源网络与发展走向

这两个民间社团的成立都是源于创始人的明确目标，在整个发展过程中贯穿始终从未偏离。创始人在社团的整个发展过程中始终"在场"，对社团有强大的影响力，虽然这种影响可能是间接的。我之所以在本章节案例部分详细罗列两个社团近十年参与的活动及相关细节，是因为从中可以清晰地看到各自的资源网络和发展走向。

施海燕的目标是什么？这是 2011 年 3 月 25 日她的微博发言：

作为一名从事青年工作的公务人员，五年前的我，开"海燕博客"，凝聚了一大批 1980 年至 1985 年出生的白领精英。五年后的我，开"海燕微博"，试图跟上白领精英的步伐。今后，面对更多 85 后的白领，我应该如何更好地贴近他们的特点和需求？如何创新更多的活动载体丰富他们的内心世界和现实工作生活？

站在 2023 年回看海燕博客这些年的发展和目前状态，你会发现施海燕和海燕博客的根本目标始终如一。组织各种文化社团，开展各种贴近年轻人趣味、紧跟时尚、符合年轻人娱乐习惯的活动，是进行宣教工作、统战工作、传播主流价值观、配合每个时段党和政府中心任务与主要任务的手段。海燕博客最成功的地方在于能够把思政工作和政府部门当前的工作任务融入民间社团的娱乐性活动中去，仔细分析她的每一个活动，几乎都是如此。比如《兰花儿之窗台上的芬芳》是关于国华人华侨和留学生群体的"中国梦"，《梧桐树下的沉思曲——思南公馆的故事》是献礼上海开埠 170 周年，《我们的父亲母亲》是献礼改革开放四十周年，《复兴号》是弘扬新时代劳模精神、劳动精神和工匠精神，还有疫情期间的一系列抗疫防疫主题的广播剧。除了都市原点剧社，海燕博客其他子社团的活动也基本如此：阅读大会配合世界读书日倡导全民阅读，城市定向赛"探访最美书店，寻找红色记忆"，东方雅集结合非遗主题传播中华传统文化，人文走读活动以户外徒步和人文讲座相结合的形式介绍上海的文化历史（外滩、苏州河、上海邬达克建筑遗产文化月等）。这些年来，子社团和社员数量逐渐增加，活动形式越来越多，交流沟通的平台从博客、微博、微信公众号到抖音、小红书，但是活动的真正目的从未改变。

在发展过程中，施海燕始终"在场"。她本人是非常有亲和力的，工作作风并不强势。我在采访中多次听到对她的评价是"她很愿意放手让下面人去做"。这是海燕博客初期获得成功，并在短时间内快速发展的原因；而且不少早期加入的成员至今依然参与社团活动，已经成为公益发展中心和各个子社团的核心骨干，有的甚至转行专职从事公益事业。比如智慧公益社社长，现任海燕博客党支部书记、理事长段利丽；海带读书会会长、新语研阅社社长，现任海燕博客监事长章娟；原都市原点剧社社长，现任"海燕博客"监事唐宁等。都市原点剧社的现任社长秦云峰是2006年第一批剧社成员，副社长赵康巍是2012年加入剧社的，社龄都已经超过了10年。

2012年，海燕博客公益发展中心正式注册为民办非企业单位，之后的活动都由这个中心组织开展，但是施海燕仍然发挥着重要影响力。海燕博客大部分活动的指导方、主办方都是黄浦区委统战部、宣传部、侨办等政府部门。政府部门也给中心提供了大量的资源、大力的支持。2014年之后，海燕博客的发展目标是成为枢纽型、平台型组织，探索新阶层人士统战工作的新路径。所谓枢纽型平台型组织，具体指要"支持本土孵化的子社团做大做强一批品牌项目，将子社团与上海其他同类社团、自组织结成'联盟'，努力成为行业标杆，实现社会组织的'再组织'"。

那赵川的目标是什么？他要做的是剧场，是关注社会边缘人、底层人，通过讨论、逼问、批判等方式探讨社会问题的社会剧场。作为体制外人士，赵川无法像施海燕一样通过体制内的大量资源来保证剧社的发展不偏离原有目标，而且多年来他一直坚持非主流、非商业的道路，主动拒绝了不少相关的资源。如果说施海燕是"间接在场"，那么赵川就是"直接在场"。赵川一直是草台班的主理人，长期主持草台班的工作坊、社会实践和演出。虽然草台班一直宣称是集体创作，但是集体创作是过程，而最终的整合和呈现仍然需要从分散走到集中，从多数人提议到少数人决定。从这些年的社会实践和创演活动看，草台班是和赵川深度捆绑的。它的主要剧目都源于赵川的想法，比如《三八线游戏》、"世界工厂"系列、《青年史》等项目。集体创作的工作方式、演员的招募、全国各地的拉练演出、演剧空间的选择、演后谈等都在赵川的引领下进行。赵川从未缺席过。

所以施海燕及海燕博客和都市原点剧社，赵川和草台班都是相互塑造、相互成就的。都市原点的机遇和资源都是施海燕和海燕博客平台给予的。都原点剧社能站在上海话剧艺术中心、上海大剧院等各种专业舞台上演出，能够获得上海戏剧学院、上海群艺馆与区文化馆、开心麻花、何念工作室等专业机构的支持，能够发起并组织六届上海市梦想戏剧节并成为沪上民间剧社的引领者，能够走进社区、学校巡演，不是因为他们的演技高超，而是因为他们站在海燕博客公益平台上，他们得到的是黄浦区乃至上海市的党政系统、统战系统的支持与保障。赵川曾经提到，草台班最需要的其实不是资金，而是稳定的场地。赵川的草台班与海燕博客的都市原点看似截然不同，然而两者能维系十多年的生存发展，能获得目前的成就，都离不开灵魂人物的引导和保障。

三、不可复制：对民间社团的启示

都市原点和草台班的社团模式具有普遍意义吗？是否可以复制？我个人认为不能。这两个社团的典型性在于他们的特殊性。海燕博客和都市原点剧社之所以能发展到今天的规模，是因为他们在上海市黄浦区、全国经济最发达的城市区域，有比较完善的公共文化设施和服务体系，有足够多的年轻白领，有强烈的文化需求，有发达的文化市场。而草台班也带着赵川个人深深的烙印，是赵川个人艺术追求和人生理想的实践产物。这样的社团不太可能大规模复制。

虽然如此，这两个社团的存在仍然是有意义的：他们证明了组织的效率和组织核心及组织模式高度关联。海燕博客和都市原点剧社再一次证明了政府在集中资源办事方面的能力和效率，而与众多体制外的非商业民间剧社相比，草台班的生存力也与核心人物赵川的意志和行动力紧密相关。这两个社团的某些具体运作方法，比如准确地定位、利用并整合各种资源的做法都是值得其他民间社团借鉴的。

都市原点和草台班的社团模式不具有大规模复制推广的可能性，这并不意外，也无需沮丧。归根到底，正如本书的标题《上海城市社区群众文娱社团研究》所界定的，这些民间剧社是群众文娱活动、群众文娱社团的一部分。群众文娱活动，从来不是以专业性和营利性为目标，而是满足所有老百姓在基本生存需求之上的健康、社交、审美等需求。对于个人而言，这些需要和食物、安全的需要一样普遍而强烈。看看2023年新冠疫情结束后的第一个"五一"长假，到处是人山人海的游客，说明这些需要是不可能被长期压制的。2022年上海封控期间，公园绿地和街道社区的文化场馆空空荡荡，也许有不少老人没有熬过2023年的春节；然而疫情过去后，仿佛一夜之间，这些室内室外的空间又挤满了唱歌的、跳舞的、健身的、唱戏的人们。这些人们、这些社团还是原来那些人吗？这其实并不重要。人在不同的人生阶段有不同的需求，活动也好不活动也好都是个人的选择，所以草根的民间社团自生自灭是常态，重点是人们总是需要这样那样的活动，总有人愿意发起或加入这种那种的社团。这难道不是与都市原点和草台班这样的常青社团不同的另一种绵延不绝的顽强生命力吗？所以政府要做的是随着经济社会的发展给公共文化服务投入相匹配的资源，做好制度和基础设施的建设，保障每个人获得公共文化服务资源的公平性。同时，可以通过扶持一些标杆性的民间社团，扩大公共服务的受众范围，提高资源使用的效率和效果。

写在最后

本书的撰写跨越了十四年。本书的第一部分是我的博士论文，基于 2009 年到 2010 年间我对长宁、徐汇、浦东等多个社区活动中心和公园绿地、对活动于其中的社区群众文娱社团进行的深入走访和调查，以及当时收集并梳理的相关文献研究资料。一转眼十几年过去了，很多当年参与活动的老人已经退出了，甚至故去了，但是这些社区活动中心和公园绿地依旧，也依旧可见各种社团活动的身影。2023 年春节后，我又对几个社区活动中心、公园绿地和群众文娱社团进行了实地调查或回访。我想知道，我当初分析的基本逻辑和框架是否依然成立。经过了十几年，尤其是近三年新冠疫情的影响，群众文娱社团和文娱活动受到了多大的影响，未来发展趋势是否有变化？经过调研，我认为 2010 年后上海市的公共文化及群众文娱社团的数量和质量在过去的基础上总体有了很大的进步与提升。尽管在新冠大流行时期，群众文娱社团及其活动受到较大的影响并短时间地停滞，但这并不是常态，而是意外。2023 年新冠大流行结束后，整个社会的各方面都处于快速恢复中，公共文化服务体系的建设也会继续沿着之前的轨道，按照"十四五"规划的目标有条不紊地开展，相信群众文娱社团和文娱活动在未来会有更好的发展。

经过十多年的调查研究，我认为有一点是很明显的，即政府对群众文娱社团的生存和发展影响重大，这种影响可以是直接的，也可以是间接的。所以要正确理解群众文娱社团的发展脉络和生态，就必须将其置于国家对基层社会治理的总体框架，以及中国历史发展内在逻辑中去理解。这个基本的框架和逻辑在我十多年的调研中可以得到各种数据和资料的证明。可以预期，未来政府对包含社区群众文娱社团在内的公共文化服务体系的建设和管理将会是基层社会治理的一个重要部分，而新技术手段和平台在公共文化服务体系中的运用也是未来的一个重要趋势。

参考文献

〰〰〰〰〰

硕博士学位论文

[1] 陈芬:《城市社区民间组织的功能研究》,苏州大学硕士学位论文 2008 年。

[2] 陈江:《明代中后期的江南社会与社会生活》,华东师范大学 2003 年博士学位论文。

[3] 陈立周:《城市基层社区组织的行动逻辑——以长沙市古井社区居委会为例》,湖南师范大学 2008 年硕士学位论文。

[4] 崔茂华:《我国城市社区非营利组织研究》,同济大学 2006 年硕士学位论文。

[5] 冯静:《中间团体在现代国家形成中的政治功能研究》,复旦大学 2007 年博士学位论文。

[6] 郭谦:《民国时期统治者对城市下层社会的社会调控》,山东大学 2007 年博士学位论文。

[7] 郭圣莉:《城市社会重构和新生国家政权建设——建国初期上海国家政权建设分析》,复旦大学 2005 年博士学位论文。

[8] 韩巧灵:《城市社区民间组织的道德建设功能及实现》,华中师范大学 2008 年硕士学位论文。

[9] 罗青青:《转型时期中国城市社区民间组织发展研究——以上海为例》,华东师范大学 2004 年硕士学位论文。

[10] 楼嘉军:《上海城市娱乐研究(1930—1939)》,华东师范大学 2004 年博士学位论文。

[11] 陆春萍:《合作模式下社区人民调解组织的社会化运作》,上海大学 2008 年博士学位论文。

[12] 罗宁:《社会资本视角下的我国城市社区民间组织发展研究》,华中师范大学 2007 年硕士学位论文。

[13] 石宝孙:《社区民间组织发展状况及对策研究——主要以上海市松江区为例》,上海交通大学 2008 年硕士学位论文。

[14] 史江:《宋代会社研究》,四川大学 2002 年博士学位论文。

[15] 宋慧:《上海华阳社区网格化管理研究》,华东师范大学 2006 年硕士学位论文。

[16] 王敏:《我国城市社区中介组织发展及对策研究》,内蒙古大学 2008 年硕士学位论文。

［17］汪惟娟:《社区民间组织:从内部效应走向外部效应——以上海市闸北区临汾社区为案例的研究》,复旦大学 2008 年硕士学位论文。

［18］王仲:《强势国家与民间社团之命运——以民国苏州商会为例(1927—1937)》,苏州大学 2004 年博士学位论文。

［19］徐林:《明代中晚期江南士人社会交往研究》,东北师范大学 2002 年博士学位论文。

［20］徐寅之:《城市社区社团组织发展与研究——以上海市徐汇区田林社区为例》,上海交通大学 2008 年硕士学位论文。

［21］于立华:《我国非传统社团社会功能的哲学思考》,中国石油大学 2007 年硕士学位论文。

［22］闫东:《中国共产党和民间组织关系研究》,中共中央党校 2007 年博士学位论文。

［23］杨丽萍:《从非单位到单位——上海非单位人群组织化研究(1949—1962)》,华东师范大学 2006 年博士学位论文。

［24］赵婷婷:《社区准民间组织发展状况研究——以郑州市为例》,郑州大学 2006 年硕士学位论文。

［25］张远芝:《居民参与社区民间组织的态度与行为研究》,华中农业大学 2007 年硕士学位论文。

［26］郑碧强:《城市社区民间组织问题研究》,福建师范大学 2005 年硕士学位论文。

［27］周扬波:《宋代士绅结社研究》,浙江大学 2005 年博士学位论文。

英文书籍

［1］Jan Cohen-Cruz: *Local Acts: Community-Based Performance in the United States*, Rutgers University Press, 2005.

［2］Jon McKenzie: *Performance or Else*, Routledge, 2001.

［3］Marvin Carlson: *Performance: A Critical Introduction (2nd Edition)*, Routledge, 2004.

［4］Richard Schechner: *Performance Studies (Second Edition)*, Routledge, 2006.

［5］Richard Schechner: *Performance Theory*, Routledge, 2005.

［6］Susan C. Haedicke & Tobin Nellhaus: *Performing Democracy*, Michigan University Press, 2001.

中文期刊论文

［1］曹普:《20 世纪 70 年代末以来的中国文化体制改革》,《当代中国史研究》2007年第 5 期。

［2］高丙中:《社会团体的合法性问题》,《中国社会科学》2002 年第 2 期。

［3］高静:《城市社区群众文化活动团队的发展现状和运行规律——以西安市为例》,《中国民政》2008 年第 11 期。

［4］高兆明:《公共权力:国家在现时代的历史使命》,《江苏社会科学》1999 年第4 期。

［5］郭英德:《明代文人结社说略》,《北京师范大学学报》(社会科学版) 1992 年第4 期。

［6］何重达、吕斌:《中国单位制度社会功能的变迁》,《城市问题》2007 年第 11 期。

［7］河东兵:《我国城市基层社会管理体制的变迁:从单位制、街居制到社区制》,《管理世界》2003 年第 6 期。

［8］焦敬伟等:《上海市社区群众性体育健身团队的调查研究》,《武汉体育学院学报》2008 年第 6 期。

［9］康晓光、韩恒:《分类控制:中国大陆国家与社会关系研究》,《社会学研究》2005 年第 6 期。

［10］龙太江:《从"对社会动员"到"由社会动员"——危机管理中的动员问题》,《政治与法律》2005 年第 2 期。

［11］李汉林:《变迁的中国单位制度:回顾中的思考》,《社会》2008 年第 3 期。

［12］李友梅:《基层社区组织的实际生活方式——对上海康健社区实地调查的初步认识》,《社会学研究》2002 年第 4 期。

［13］李友梅:《城市基层社会的深层权力秩序》,《江苏社会科学》2003 年第 6 期。

［14］刘建炜、李建国:《社区体育中介组织理论建设探讨》,《西安体育学院学报》2007 年第 3 期。

［15］刘迎华:《社区权力及其运行——S 社区内的重要群体与社会事件分析》,《华东理工大学学报》(社科版) 2001 年第 4 期。

［16］陆春萍:《社区民间组织的嬗变与功能构建——以和谐社区建设为背景》,《福建行政学院福建经济管理干部学院学报》2007 年第 3 期。

［17］林伯原:《试论两宋民间结社组织的体育活动》,《体育科学》1987 年第 2 期。

［18］刘水云:《明末清初文人结社与演剧活动》,《南通师范学院学报》(哲学社会科学版) 2001 年第 1 期。

［19］刘艳、蓝猷平:《我国民间组织发展的路径窥探》,《开封教育学院学报》2008

年第 3 期。

［20］罗贵榕：《论中国公共领域的发生及其演进趋势》，《湛江海洋大学学报》2006年第 5 期。

［21］罗忆源：《广州市社区民间组织的培育和发展》，《兰州学刊》2009 年第 1 期。

［22］马长山：《结社——中国社会结构变迁的重要现代化要素》，《社会工作研究》1995 年第 5 期。

［23］潘译泉：《社区：改造和重构社会的想象和剧场》，《天津社会科学》2007 年第4 期。

［24］任大方：《对我国城市社区体育基层组织发展停滞现象的研究——以社区居民日常参与的体育活动组织为例》，《中国体育科技》2007 年第 3 期。

［25］史五一：《明清会社研究综述》，《安徽史学》2008 年第 2 期。

［26］孙立平：《中国社会结构转型的中近期趋势与隐患》，《战略与管理》1998 年第5 期。

［27］赵文杰等：《上海社区体育组织的现状特征及发展对策研究》，《体育科研》2005年第 4 期。

［28］王国梁、蒋涵英：《华阳路街道加强"凝聚力工程"建设的实证和解析》，《上海党史与党建》2006 年第 8 期。

［29］王绍光、何建宇：《中国的社团革命——中国人的结社版图》，《浙江学刊》2004年第 6 期。

［30］王时浩、杨巧赞：《探析社区中介组织》，《中国民政》2003 年第 3 期。

［31］吴新叶：《城市社区居民民间组织中的非法人化现象：问题与应对——对上海市13 个街道的调查与分析》，《城市管理》2008 年第 4 期。

［32］向明、宗超：《关于国家与社会的关系问题研究综述》，《天津社会科学》2000年第 4 期。

［33］谢倩：《城市社区民间组织监督机制现状分析与对策研究——以南京市鼓楼区民间组织为例》，《安徽农学通报》2007 年第 2 期。

［34］徐济益、刘爱莲：《城市社区民间组织与驱动功能分析——以南京鼓楼区社区民间组织为例》，《城市问题》2005 年第 5 期。

［35］姚刚、赵石磊：《中国城镇居民文化消费的实证研究》，《黑龙江社会科学》2008年第 1 期。

［36］杨洪刚：《转型期民间组织的发展困境与出路——以上海为例》，《辽宁行政学院学报》2007 年第 10 期。

［37］杨华：《战国秦汉时期的里社与私社》，《天津师范大学学报（社科版）》2006年第 1 期。

［38］杨敏：《作为国家治理单元的社区》，《社会学研究》2007 年第 4 期。

［39］余冰：《国家与社会交互关系：社区及其组织研究的一种路径》，《学术研究》2007 年第 5 期。

［40］余江宁：《论宋代京城的娱乐生活与城市消费》，《安徽教育学院学报》2004 年第 2 期。

［41］于云瀚：《古代城市中民间社、会的基本特征》，《人文杂志》2001 年第 1 期。

［42］袁阳春：《晚明文人社团经费来源研究》，《江西教育学院学报（综合）》2006 年第 6 期。

［43］张玲玲、时立荣：《社区民间组织的居民参与——以东阳市 D 社区为例》，《北京科技大学学报》（社会科学版）2007 年第 3 期。

［44］张卫：《社区民间组织：社区建设与发展的推动力》，《学海》2004 年第 6 期。

［45］郑杭生、洪大用：《现代化进程中的中国国家与社会》，《云南社会科学》1997 年第 5 期。

［46］周晨虹：《社区公共事务管理中的社区民间组织的作用探析——以济南市 L 区 Q 街的个案为例》，《暨南大学学报》（社会科学版）2008 年第 4 期。

［47］周慧梅：《民国时期民众教育馆变迁的制度分析》，《教育学报》2008 年第 4 期。

［48］周明田：《中国传统社会的中间组织及其功能》，《江苏社会科学》2001 年第 3 期。

［49］朱英：《清末民初国家对社会的扶植、限制及其影响——近代中国国家与社会新型互动关系系列研究之一》，《天津社会科学》1998 年第 6 期。

［50］庄晓东：《中国社团组织研究的三种视角》，《开发研究》2007 年第 3 期。

［51］邹越：《传统与摩登的融合——民国时期上海的票友及票社》，《文化遗产》2008 年第 2 期。

［52］邹越：《民国都市业余演剧活动的缩影》，《江西社会科学》2008 年第 5 期。

中文书籍

［1］［美］杜赞奇：《文化、权力与国家——1900—1942 年的华北农村》，王福明译，江苏人民出版社 1994 年版。

［2］［德］哈贝马斯：《公共领域的结构转型》，曹卫东等译，学林出版社 1999 年版。

［3］何艳玲：《都市街区中的国家与社会：乐街调查》，社会科学文献出版社 2006 年版。

［4］［美］克利福德·格尔茨：《文化的解释》，纳日碧力戈等译，上海人民出版社 1999 年版。

［5］李景源、陈威主编：《中国公共文化发展服务报告（2007）》，社会科学文献出版社2007年版。

［6］刘豪兴：《社会学概论》，高等教育出版社1992年版。

［7］马洪等主编：《中国改革全书〈文化体制改革卷〉》，大连出版社1992年版。

［8］［美］欧文·戈夫曼：《日常生活中的自我表现》，冯钢译，北京大学出版社2008年版。

［9］潘伟杰等：《文化的力量》，上海人民出版社2008年版。

［10］［美］理查·谢克纳、孙惠柱主编：《人类表演学系列——平行式发展》，文化艺术出版社2007年版。

［11］［美］理查·谢克纳、孙惠柱主编：《人类表演学系列——人类表演与社会科学》，文化艺术出版社2008年版。

［12］［苏］斯坦尼斯拉夫斯基：《演员的自我修养第一部》，林陵、史敏徒译，中国电影出版社1986年版。

［13］沈关宝：《历史、现实、模式——以上海社区文化为例的实证研究》，上海人民出版社2007年版。

［14］沈以行等：《上海工人运动史》，辽宁人民出版社1996年版。

［15］孙惠柱：《社会表演学》，商务印书馆2009年版。

［16］王尔敏：《明清时代庶民文化生活》，岳麓书社2002年版。

［17］王沪宁：《当代中国村落家族文化》，上海人民出版社1999年版。

［18］王文英、蒯大申主编：《2005上海文化发展蓝皮书——文化体制改革与上海文化建设》，上海社会科学院出版社2005年版。

［19］［法］谢和耐：《蒙元入侵前夜的中国日常生活》，刘东译，江苏人民出版社1995年版。

［20］徐小群：《民国时期的国家与社会——自由职业团体在上海的兴起（1912—1937）》，新星出版社2007年版。

［21］姚辛：《左联史》，光明日报出版社2006年版。

［22］杨晓明、周翼虎：《中国单位制度》，中国经济出版社1999年版。

［23］中共上海市委宣传部编：《上海文化改革与发展》，上海人民出版社2004年版。

［24］中国群众文化学会主编：《群众文化论丛17》，百家出版社2002年版。

［25］黄凯锋主编：《现代公共文化服务体系建设——上海的实践与思考》，学林出版社2017年版。

［26］上海市统计局：《上海统计年鉴2022》，中国统计出版社2022年版。

后　记

　　本书涉及的田野调查跨越了十多年的光阴。从 2009 年我对上海浦东新区、黄浦区、长宁区、静安区、徐汇区等多个社区的文化活动中心和群众文娱社团的实地调研，到 2023 年时隔多年对部分社团进行的回访，我都得到了来自社区文化活动中心相关领导、工作人员和群众文娱社团的大力支持，没有他们提供的翔实资料，是不可能有本书的诞生的。

　　感谢上海戏剧学院对我的培养，本书的出版得到了学校"高水平地方高校建设计划"的资助。感谢我的导师孙惠柱教授多年来给予我的悉心指导，以及同门师兄弟姐妹在学术上给我的帮助。

　　最后，本书献给我故去的母亲郭青薇女士。她在世时是群众文娱活动积极的参与者，希望她喜欢这本书。

图书在版编目(CIP)数据

上海城市社区群众文娱社团研究/邹昊平著. —上
海:上海人民出版社,2024
ISBN 978-7-208-18868-6

Ⅰ.①上… Ⅱ.①邹… Ⅲ.①城市-文娱性体育活动
-研究-上海 Ⅳ.①G89

中国国家版本馆 CIP 数据核字(2024)第 078632 号

责任编辑 赵蔚华
封面设计 谢定莹

上海城市社区群众文娱社团研究

邹昊平 著

出 版	上海人民出版社	
	(201101 上海市闵行区号景路 159 弄 C 座)	
发 行	上海人民出版社发行中心	
印 刷	上海商务联西印刷有限公司	
开 本	635×965 1/16	
印 张	12.5	
插 页	3	
字 数	159,000	
版 次	2024 年 5 月第 1 版	
印 次	2024 年 5 月第 1 次印刷	
ISBN 978-7-208-18868-6/J·711		
定 价	52.00 元